success rules of small salon

お客様が10年通い続ける

小さなサロンのとっておきの販促

向井邦雄

KUNIO MUKAI

同文舘出版

サロン販促の失敗と成功実例集

本書の販促法で成功したサロンだって最初からうまくいったわけではない！だからあなたも大丈夫！

Part1・看板ビフォーアフター

店の前を通る人に向けて、店の存在、雰囲気、安心感を伝える役割を持つ大切な看板。サロンならではの注意点があります。

NG

▶NGポイント

・何の店かわからない
・白と黒で目立たない
・字が細くて読みにくい
・電話番号すら書いていない

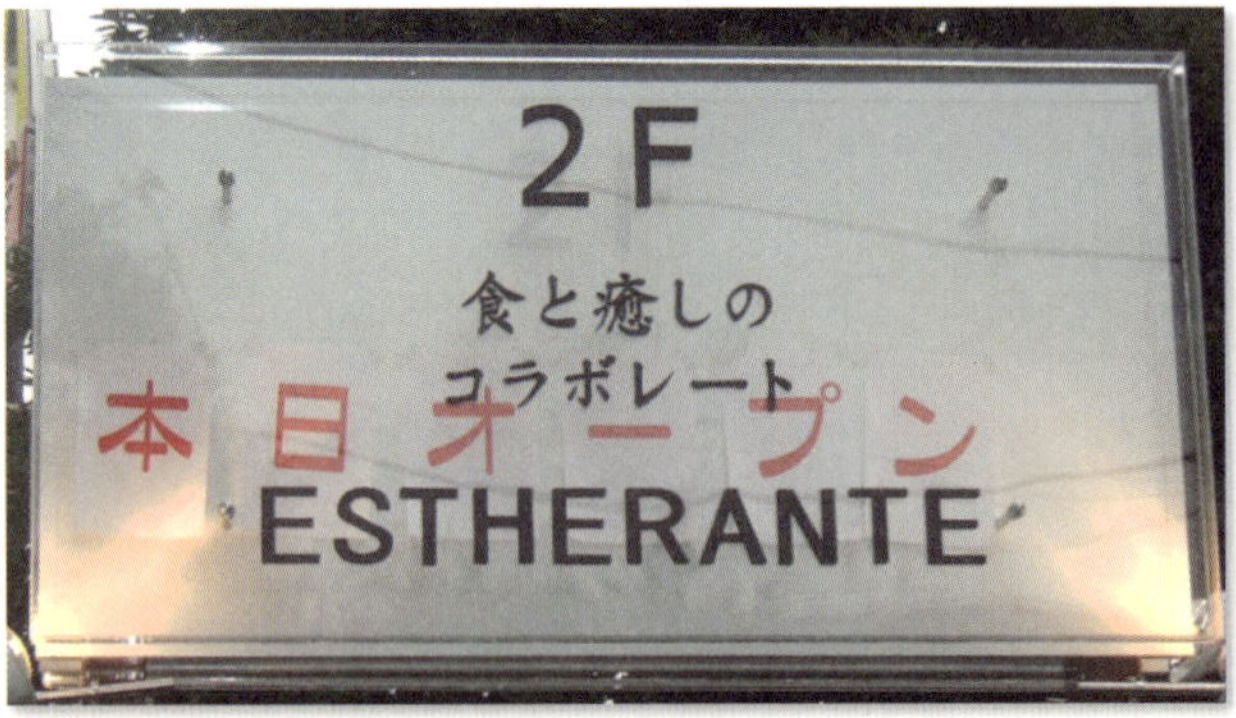

「シンプルで、オシャレで、他にないような看板にしよう！」とつくった開店当初の看板。白い看板に透明のアクリルを重ねて、中から光で照らすようになっています。かなり費用をかけましたが、この看板を見て来店される方はゼロ。
オープン当日、まったくお客様が来ないので、あわてて「本日オープン」の紙を貼ったところです。悪い看板の見本のような看板です。

OK

▶ **成功ポイント**

・ひと目見ただけで「サロン」とわかる
・路面店ではなかったので、店内の様子がわかるようにする
・色にメリハリをつけて文字を読みやすくする
・スタッフ（経営者）の顔を載せて親近感を持たせる
・電話番号を載せて、お客様が次のアクションに移しやすくする

（表）

（裏）

上記の成功ポイントに気をつけて看板をつくり直したところ、問い合わせや予約の電話、飛び込み客の来店が3.5倍に増え、看板変更初日だけで10件ぐらいの反響がありました。
開業から1年以上経っていたのに、「新しくできたお店なの？」「ここサロンだったのね」「今まで毎日通っていたけど全然気づかなかった」などのお声が多く、いかに今までの看板が悪かったのかがわかります。

Part2・外装 ビフォーアフター

サロンの第一印象を決める外装。物件によって、リフォームできる範囲は違いますが、ある程度思い通りにできるならば、綿密にイメージした上で、つくり上げていきましょう。

オープン当初

親しみやすいピンク系の淡い色と、バラのイメージで仕上げました。
色彩的には失敗というほどでもなかったのですが、2階すべてがサロンであるにもかかわらず、外装デザインが2階に届いていなかったため、入口部分だけの狭いサロンだと思われることが多くありました。

現在

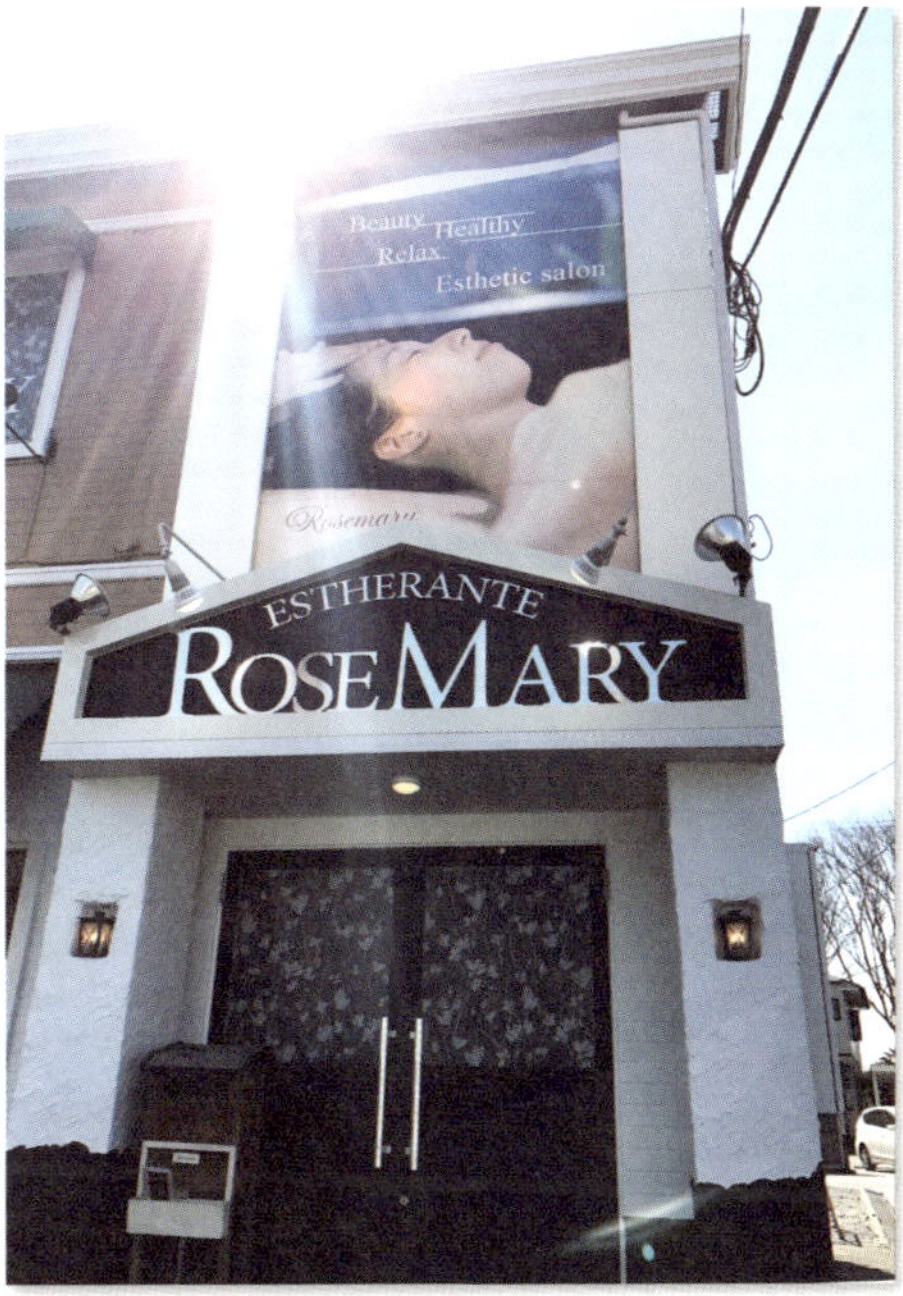

重厚感を出すため、こげ茶の背景にゴールドの文字を採用。さらに、2階まで届く大きな画像パネルをつけ窓にロゴを入れることで、広さを認知していただけるようになると共に、客単価の高い富裕層のお客様が多く来店されるようになりました。

Part3・POPの色彩効果

色が人に与える心理的影響は大きいものです。色の選択を誤って、もったいないことが起こらないよう、考えていきましょう。

ここではPOPの例で実感してください。

NG 寒色系

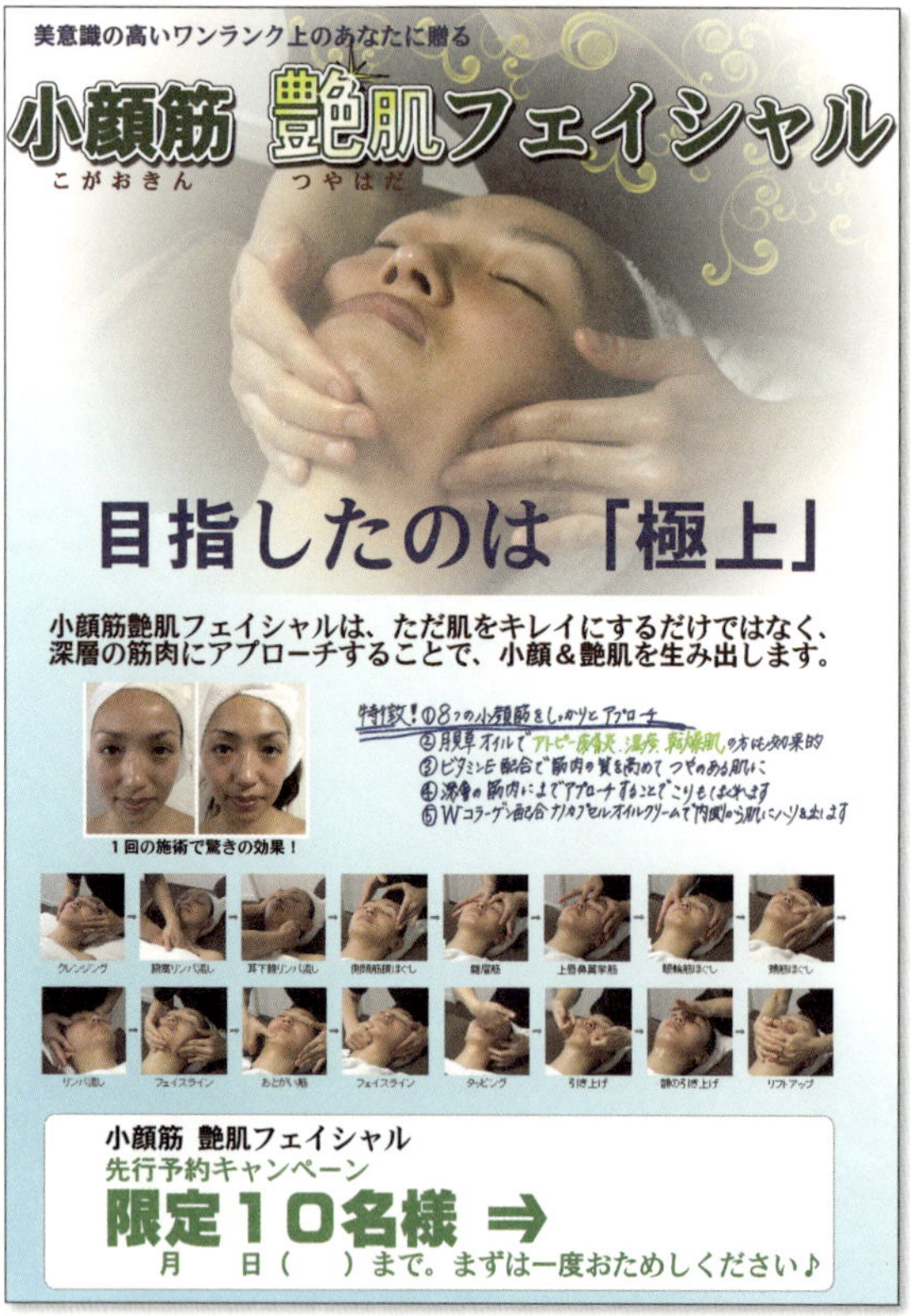

実際には使っていないPOPです。
興奮を鎮め、冷静になりやすい色である青系の色は、後退色とも言われ、あまり目立たないと共に、欲求や購買意欲が抑えられるため、POPにはあまり向かない色とも言えます。
スクールやダイエット系のPOP、清潔感を出す時には効果的です。

OK

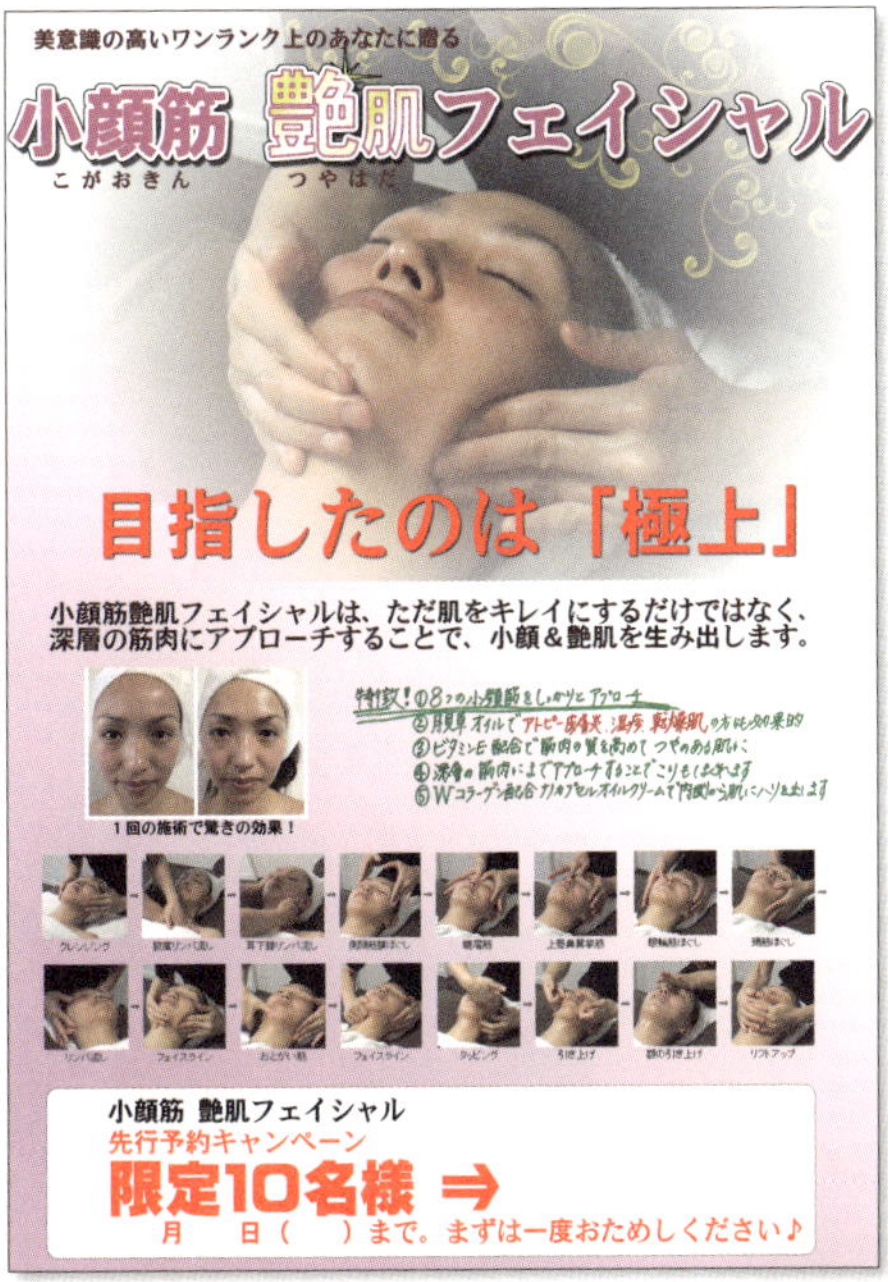

暖色系

実際に、月100万円の売上を上げたPOPです。

暖色系の色を使うことにより、感情を高揚させ購買意欲も上がる傾向があります。また、ピンク系の色は性ホルモンの分泌を促し若返り効果もあるため、エステサロンなどでは意識して使うとお客様の満足度も上がりやすくなります。

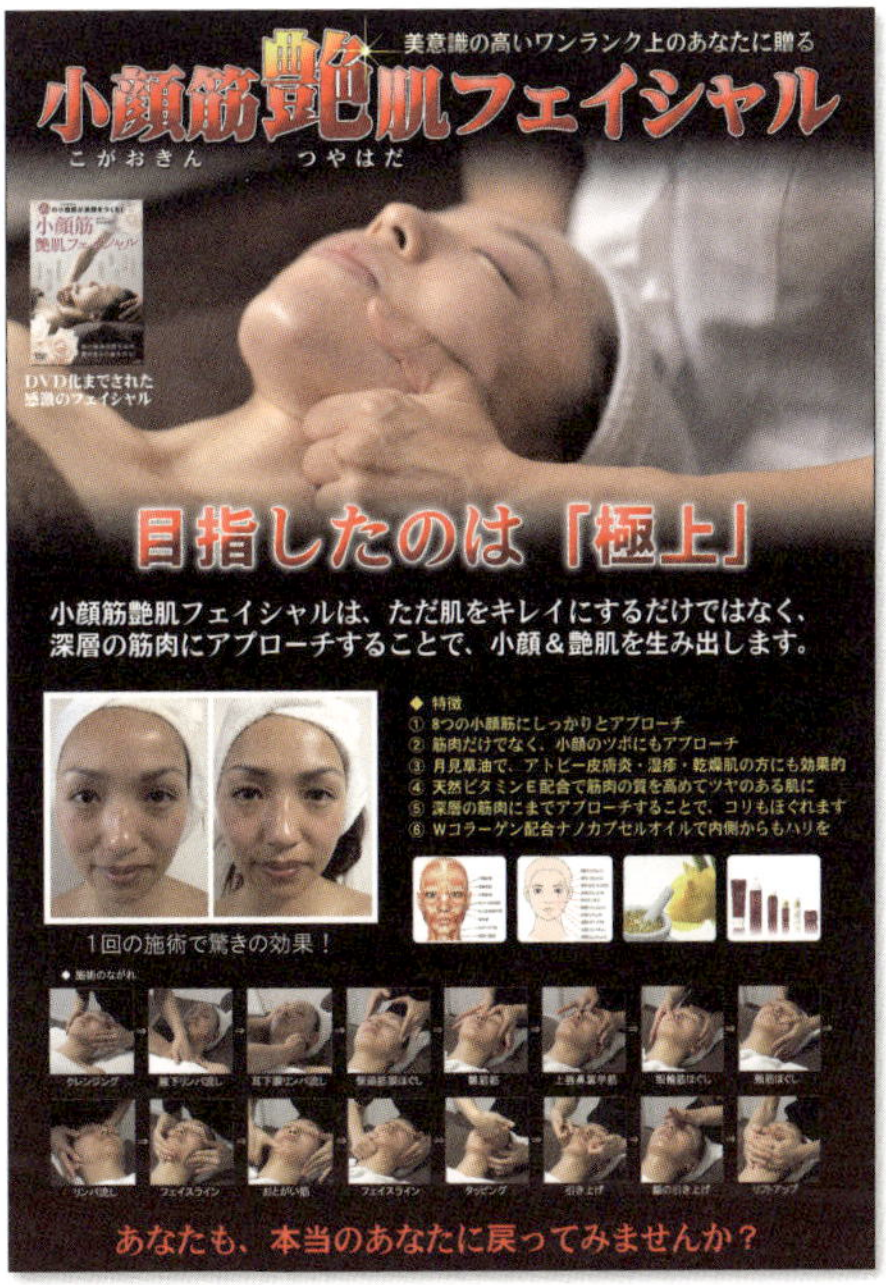

OK

高級感

暖色系のPOPをリニューアルしたものです。黒と赤を組み合わせることで高級感が増し、今までの色とガラッと変えることで、目につきやすくなる効果もあります。

同じような色合いのPOPばかりが続くとインパクトが薄れるので、時に色や形を変えてお客様をあきさせないことが大事です。

※色の効果については、54、55ページもチェック

Part4・プロフィール写真ビフォーアフター

顔写真の情報量というのは膨大です。自撮りした写真だと、
あなたもサロンも安っぽく感じられてしまいます。
プロに撮ってもらった写真で安心感・信頼感をアップさせましょう。

オープン当初

自撮りまではいかないですが、コストを抑えるために自分たちで撮った写真です。ピントの甘さや露出の暗さもありますが、何よりもやはり、庶民的で安っぽい印象を与えてしまっています。

現在

Photo by Susumu Yoshioka

プロのカメラマンさんが照明や背景のスクリーンを使用して撮った写真。華やかさが増し、プロのエステティシャンらしくなることで、集客効果はもちろん、カウンセリング時の説得力や威厳も増し、成約率もアップしました。

※詳しくは、48、49ページをチェック

はじめに

あなたは集客に悩んでいるでしょうか。

お客様が来ないと悩んでいるでしょうか。

売上が上がらないと悩んでいるでしょうか。

「20％オフ」「30％オフ」「半額」。世の中を見ると、まだこのように割引で集客をしている店がたくさんあります。私自身も11年前、サロンをオープンした当初は必死に集客をして、それでも売上はほとんど上がらず、精神的にも身体的にもボロボロになっていたサロン経営者のひとりでした。

「もう店をつぶしてしまおう」。そこまで追い詰められた時、事態は変わりはじめます。

「集客ばかりに目を向けるのではなく、今、目の前にいてくださるお客様をもっともっと大切にしよう」

それから、すべてが変わりはじめました。もちろん、それまでだってお客様のことは大切に思っていたのです。一所懸命、喜んでいただくために努力していたのです。でも、その「やり方」が間違っていたことに気づいたのです。はたして本当に、お客様は安売りすることで喜ばれるでしょうか？　ただ値段を下げるだけで喜ばれるでしょうか？「本当に心からお客様が喜ぶこととはいったい何なのか」。そこに目を向けることで、徐々に、そして加速度的にお客様の数は増え、それに伴う以上に売上も上がっていきました。
それから11年。おかげさまで私のサロンでは現在、ほとんど集客をしなくても素敵なお客様に囲まれ、売上も上がり続けています。当初40万円だった月の売上が11年で約20倍に。客単価を10倍にしながらも、2ヶ月先まで予約の取りにくいサロンとして多くの取材を受け、出版にも至っています。

安売りも集客もしないで、お客様に喜ばれながら売上を上げる。そのためにいったい何をやったのか？　それは「お客様にワクワクしていただきながら通い続けていただく販促」。

本書では、私のサロンで実際に行なってきた11年間の集大成でもある数々のイベントや販促の内容を、余すことなく公開してまいります。さらには、その内容だけではなく、成功の秘訣となる解説や、つくり出し方も添えて実践しやすい形でお伝えしていきます。

この内容はサロンにとっては画期的なものとなることでしょう。そして、飲食やアパレル、通販など、多くの業種の方にとっても、大きなヒントをもたらす宝の山となるはずです。なぜなら、どんな業種であってもその先には「お客様」がいらっしゃるから。そのお客様に「ワクワク」を提供することが、これからの時代、私たちにとって最も大切な使命となるのです。

どのページから読んでもかまいません。企画に悩んだ時にパッとページを開くのもいいと思います。そこには、私たちのサロンが必死になってつくり上げてきた「お客様のワクワクの素」が詰まっています。味つけはあなた次第。

本気でお客様を愛するあなたに、心を込めてこの本を贈ります。

お客様が10年通い続ける小さなサロンのとっておきの販促 ▼ もくじ

1章 集めるのは「本当のお客様」

2章

あなたのサロンの価値を決めるもの

3章

売上アップの常識のウソ

4章

熱狂的なファンを育て上げる

5章

ずっと、さらにずっと通っていただくには

6章

実際にワクワクを生み出した販促事例集

7章

キャンペーンを生み出す脳内の様子

8章 だからあなたは幸せになる

装　丁　高橋明香(おかっぱ製作所)
本文デザイン・DTP　松好那名(matt's work)
本文イラスト　内山良治

1章

集めるのは「本当のお客様」

1 集客は逆から考える

▼最も多い悩み

私がサロンをオープンし、最初に直面したのが集客の悩みでした。また、これまで1200以上のサロンの方の相談に乗らせていただいた中で、**最も多いのも集客についての悩み**です。しかし皮肉なもので、集客に悩むのをやめたことで逆にお客様が増えたという話もよく聞くのです。ではいったい、集客の呪縛から解き放たれ、安定した経営を行なっていくための秘策とは何でしょうか？　まずは、集客に悩む方が犯してしまっている「最も多い間違い」からお伝えしてまいりましょう。

▼最も多い間違い

集客に悩む多くの方は、集客ばかりに意識を向けてしまっています。「どの広告で何名予約が入った」「何万円売上が上がった」。そこにばかり気を取られ、大切な部分を見逃してしまっているのです。だから、毎月毎月悩み続けることになる。例えば集客が入口だとしたら、それ以上に目を向けなければならないのは「出口」の部分です。来店されたお客様がその後どのようになったのか、そこをしっかりと意識することが大切なのです。

▼理想のゴール

それでは、理想の出口＝ゴールとはいったい何でしょう。それは、**お客様が何度も繰り返し通ってくださること**。繰り返し通われる方が増えれば、集客に悩むこともなくなります。私のサロンではもう11年も通い続けてくださっている方が多くいらっしゃいます。だからこそ集客しなくても予約が埋まり、しかも他のお客様の予約をも導いてくれます。そうなっていくために、**集客は理想のゴールから逆算して考えることが大切**です。

リピートしていただく→満足度を上げる→気に入っていただく→来店していただく→見つけていただく、というような形で、「リピートしていただくには満足度が大事だな」「満足度を上げるには〇〇が大事だな」と、ゴールからスタートへ逆算して考えるようにすることで、理想的な集客の方法が見つかるようになるのです。

さて、あなたの店はどんな入口（集客法）にたどり着くでしょうか？

集客を考えるステップ

出口＝ゴール

リピートしていただく

↓

満足度を上げる

↓

気に入っていただく

↓

来店していただく

↓

見つけていただく

入口＝集客

集客は、理想のゴールから
逆算して入口を考える。

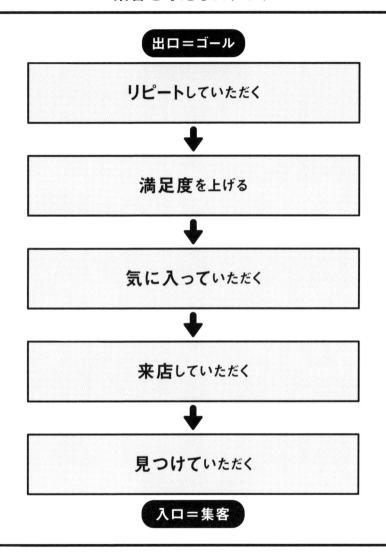

2 おすすめできない「割引販促」

何年も通い続けていただくことが理想のゴールだとすると、そこにたどり着くまでにいくつかの障壁が現われます。その壁を乗り越えるためには策が必要になってくるのですが、その方法は後の章でじっくりとお伝えしていきますので、まずは細かいことは気にせずに逆から考えていきましょう。すると、あることが見えてきます。

▼別の入口

どうでしょう。もしかしたら今までとはまったく別の入口にたどり着いてしまったのではないでしょうか。別の入口とはどういうことかと言うと、「そもそもの集客のやり方が違う」ということです。何年も通い続けていただくために、最も簡単な方法は何だと思いますか？それは**「何年も通う気のある方を集める」**ということ。

最初から通う気満々の方に来ていただければ、当然、通ってくださりやすくなるのは明白です。「いや、そんな単純にいかないから苦労している」と思う方もいらっしゃることでしょう。ところが、多くの方がそうおっしゃりながらも、わざわざ高いお金を払って、「通い続ける気のない方」を集めてしまっているのです。

▼通わないと決めている方が8割

通う気のない方と言うよりも、通わないと決めている方と言ったほうが衝撃でしょうか。アンケートによると、とある方法によってサロンを選んでいる実に8割もの方が、「最初からそのサロンには通わないと決めている」と言うのです。その「とある方法」というのが、割引やクーポンなどを使った集客方法です。「安いからお試しで行く→よければ通おうと思う」ではないのです。**「安いからお試しで行く→次は他の安い店のお試しに行く」**という形です。これでは、長く通ってくださる方を見つけていくのは至難の業でしょう。少なくとも、労力が何倍にも増えるのは確実です。

そういった意味でも割引集客をするのは避けたほうがよいのですが、「割引をやめたら新規の客数が減ってしまう」と思う方もいらっしゃるでしょう。でも、いいことをお教えします。世の中には「安いから行きたくない」という層のお客様も確実に存在しているのです。

「割引販促」で集まるお客様とは

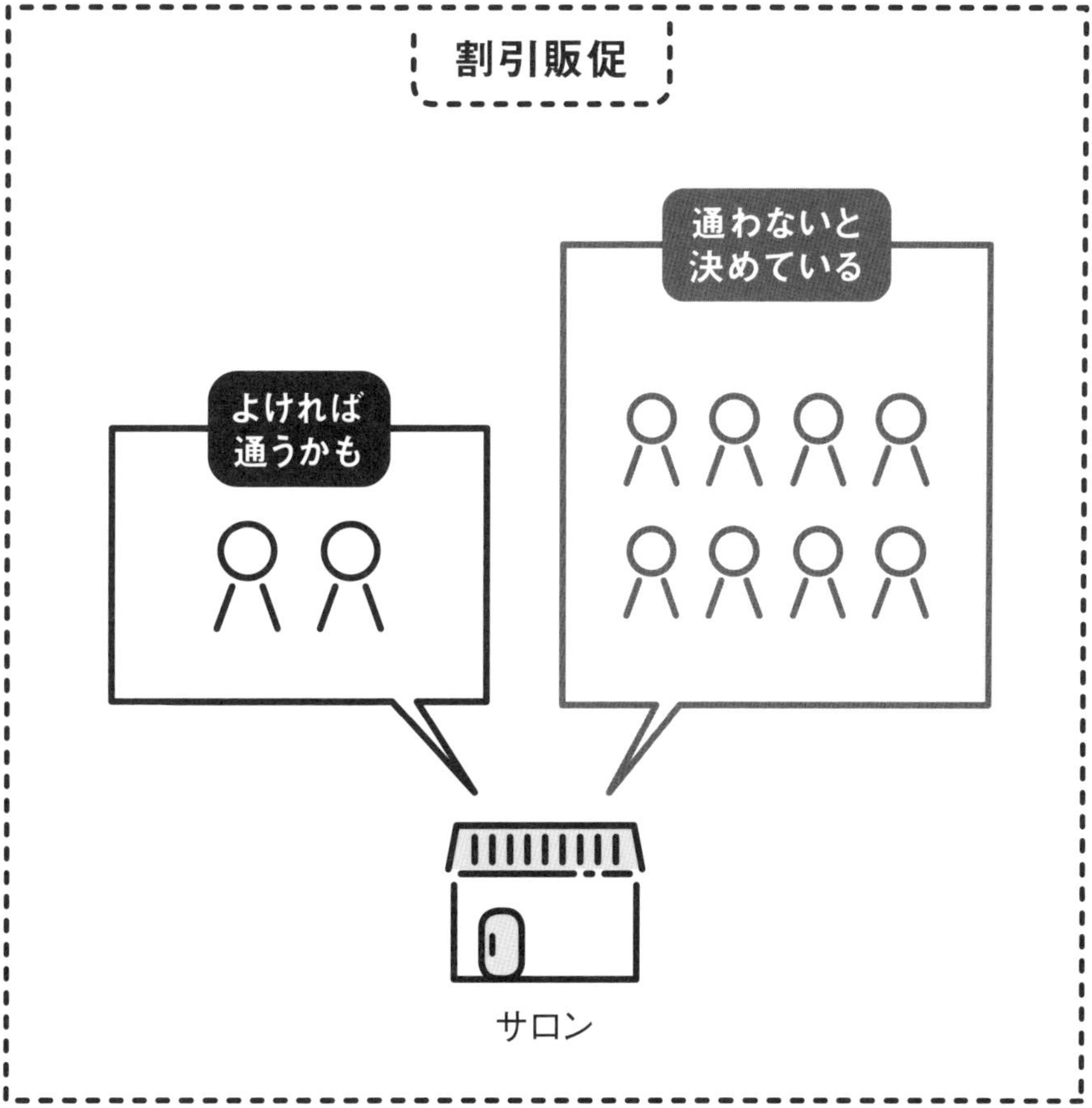

多くのサロンが、通う気のない人ばかりを
集めてしまっている。

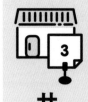

3 サロン経営の秘訣は「アンパンマン」！

１００円ショップやファストフードに行きたくない方がいらっしゃるのと同じように、安いサロンには行きたくないという方もいらっしゃいます。当然、安売りをすれば、そういったお客様の選択肢からあなたのサロンは外されるわけです。「あれ、この店人気ないのかな」「技術や設備がよくないのかな」「私とは価値の合わないお客が行っているんだろうな」などと思われてしまうかもしれません。**安売りは、この先ずっと通うかもしれないお客様を、自分から拒んでしまうことになる**のです。

▼安売りしないでお客様を集める

では、値段を上げればよいのかというと、そうではありません。一度は来たとしても、値段に伴う価値がなければ去って行ってしまうことでしょう。それ以前に、価格に見合う価値を見出せなければ、来店にさえつながりません。そこで、ある言葉を思えておくとよいでしょう。その言葉とは「アンパンマン」です。

アンパンマンとは**「安心感」「パンチ力」「満足度」**の頭文字を取った造語です。まずは「安心感」を持っていただく。そのためには自分やスタッフの**顔写真やサロンの内装写真、実績や経歴、お客様の声、オーナーの思いや明瞭な価格表示**などが有効です。言葉の使い方も重要ですので、客観的な視点で確認していきましょう。

次に「パンチ力」。これは**インパクト**と置き換えられます。短いフレーズで相手に突き刺さる言葉や、相手に問いかける文章、ハッとするような写真など、パンチ力によって**お客様の心をグッと動かせれば**、興味を持ち、「行ってみたい」と思っていただきやすくなります。

最後の「満足度」は、プロの皆さんなら気をつけていることなのでわかると思いますが、**質の高い技術や接客カウンセリング、設備、商材、商品**などで心から満足していただくということです。ただ、気をつけなければならないのが、満足度は毎回同じであってはならないということ。この点は後半でじっくりお伝えします。

あなたのサロンを発展に導く言葉「アンパンマン」。覚えていただけましたでしょうか。あと、もうひとつ大事なこと。サロン経営には「愛と勇気」が必要です。

サロン経営の「アンパンマン」

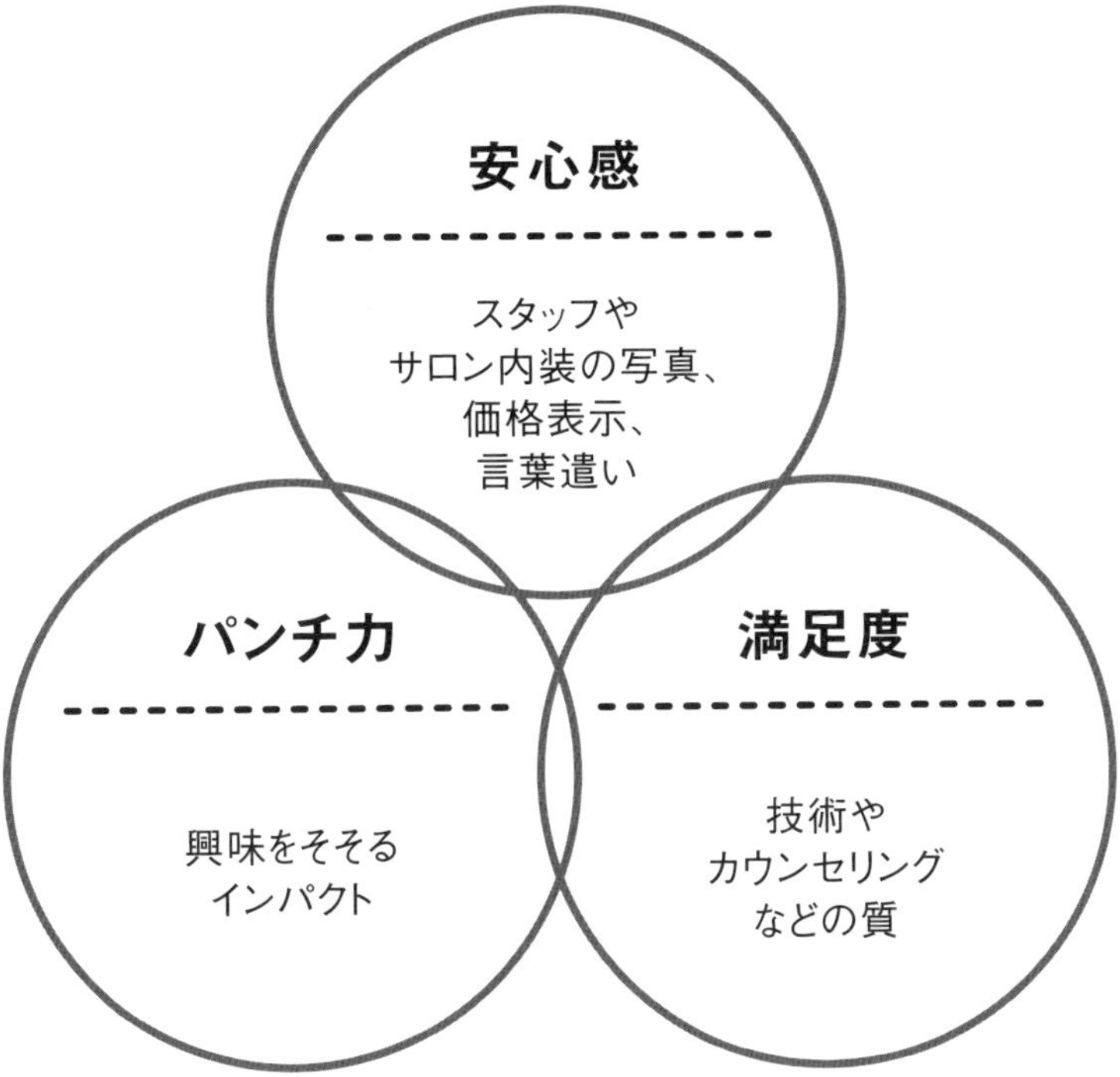

安心感、パンチ力、満足度。どれかが
欠ければ理想のお客様は増えていかない。

4 あなたのサロンの強みはただひとつ！

お客様に何年も通い続けていただくためには、通い続けてくださる可能性の高いお客様を集めること。そのためには安売りではなく、「価格以外の魅力」を伝えていくことが大切だと言いました。価格を下げることは誰にでもできます。他のサロンでもできること。それはすなわち他のサロンに移ってしまう可能性も高いということになります。これは、価格以外でも同じことが言えます。

▼初めては一瞬

例えば地域初の商材を使ったとしましょう。これはインパクト大です。「地域初の○○を使用！」となれば、集客にもつながりやすくなります。大人気で一気に売上も上がり、サロンもにぎわったとします。

ところがその数ヶ月後、人気を聞きつけた他のサロンも導入をはじめ、数年後にはどこのサロンにも当たり前に置かれているものになってしまった。こうなるとインパクトはゼロです。他の店のほうが安かったり、自宅から近かったりすれば、十分に他の店に移って行ってしまう可能性があります。**価格以外の価値を見つけたとしても、それはあっという間に覆されてしまう可能性がある**ということです。もちろん、地域初の新しいものがダメだと言うわけではありません。十分に有効です。でも、地域初のものを見つけるのも簡単なことではありません。常に新しい情報にアンテナを張り、見つけ出す情報網も必要ですし、それにチャレンジする決断力も必要。ある程度の資金も必要でしょう。そしてそれが一般化したら、さらに新しいものを探し続けるという根気も必要となってくるのです。

▼誰にも真似のできないもの

では、**絶対に他のサロンには真似のできない「あなたのサロンならではの魅力」**などというものがあるのでしょうか？　それが、あるのです。

それは何を隠そう**「あなた自身」**。そう、メニューや設備、商品よりも、あなた自身の魅力を伝える。そこにひかれたお客様は、絶対に他の店に移って行くことはないでしょう。他にはないものだからです。あなた自身の魅力を、ぜひお客様に伝えてください。

あなたのサロンだけにしかないもの

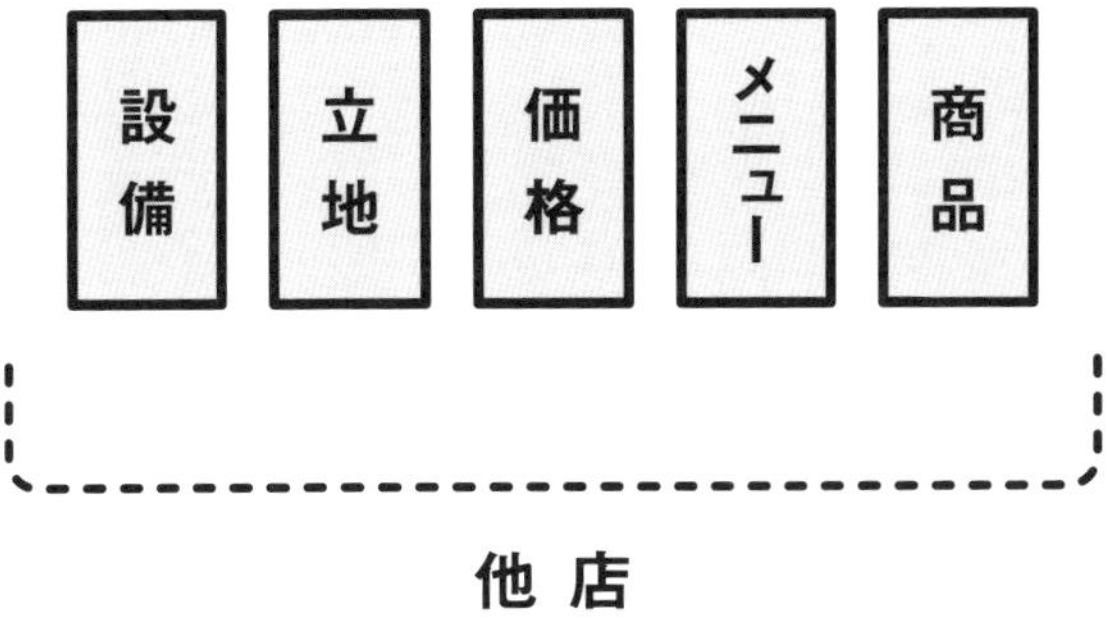

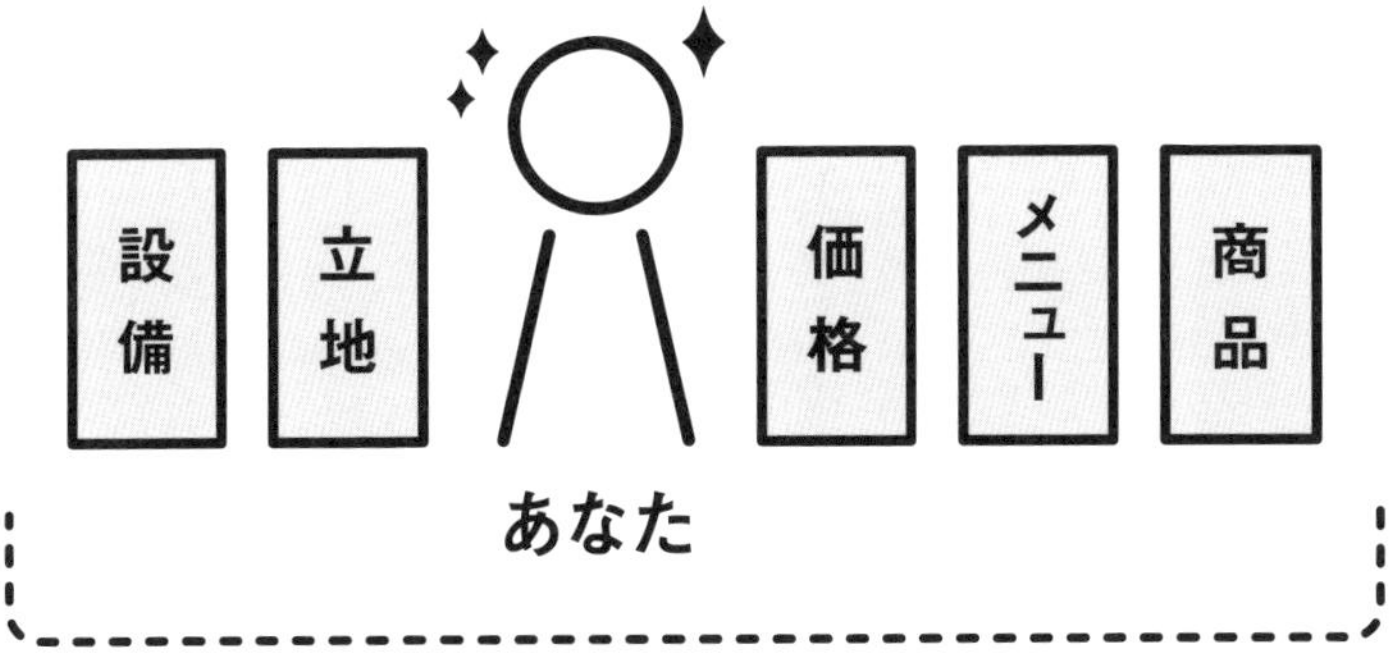

**誰にも真似できないあなたのサロンの魅力は
あなた自身。**

5 「たったひとり」に伝える

あなた自身の魅力を伝える上で、最も気をつけなければならないことがあります。それは「多くの人」に伝えようとしないこと。拙著『最新版 お客様がずっと通いたくなる小さなサロンのつくり方』にも書きましたが、「どなたにでも満足いただけますよ」というような伝え方では誰にも伝わらなくなってしまいます。妊婦さんがマタニティの専門店に行くのと同じ。「誰のための店なのか」が明確になればなるほど、お客様は店を選びやすくなります。これを**「顧客の絞り込み」**と言います。一見、絞り込むと入客数が減ってしまうと思いがちですが、実際には真逆。絞り込むことで相手の心に突き刺さりやすくなり、来店につながりやすくなります。10名に伝えて9名に伝わらないよりも、3名に伝えて2名に伝わったほうが、結果的に客数は増えるということです。

▼絞り込みの本当の意味

ここまでは多くの書籍にも書かれていることですので、ご存じの方も多いと思います。ところが、頭ではわかっていても、実際にそれを理解して行動できているお店はまだまだ少ないというのが実情です。例えば40代のＯＬさんに絞り込む。そして店名のところに「40代のＯＬ様に喜ばれるサロン」と書く。ここまではできているお店も多いのですが、これでは完璧ではないのです。

▼違和感と統一感

絞り込んで表記しても、ウェブサイト、ブログ、チラシなど、なぜか違和感のある、突き刺さってこないものを多く見ます。なぜかと言うと、表向きは絞り込んでいても、**心の底まで浸透していない。文章の端々が、誰に伝えるかが明確になっていない**からです。では、そうならないためにどうするか。伝える相手を「たったひとり」にまで絞り込んで、その人に向かって書くことです。

▼たったひとりとは誰か？

たったひとりに絞り込む。ではそのひとりとは誰のことなのか？　それは、あなたにとって理想のお客様。あなたのサロンの中で**最も理想だと思えるお客様**です。そう、ウェブサイトも日々のブログもＰＯＰも、そのお客様ひとりの顔を思い浮かべながら書けばよいのです。

伝える相手をひとりに絞り込む

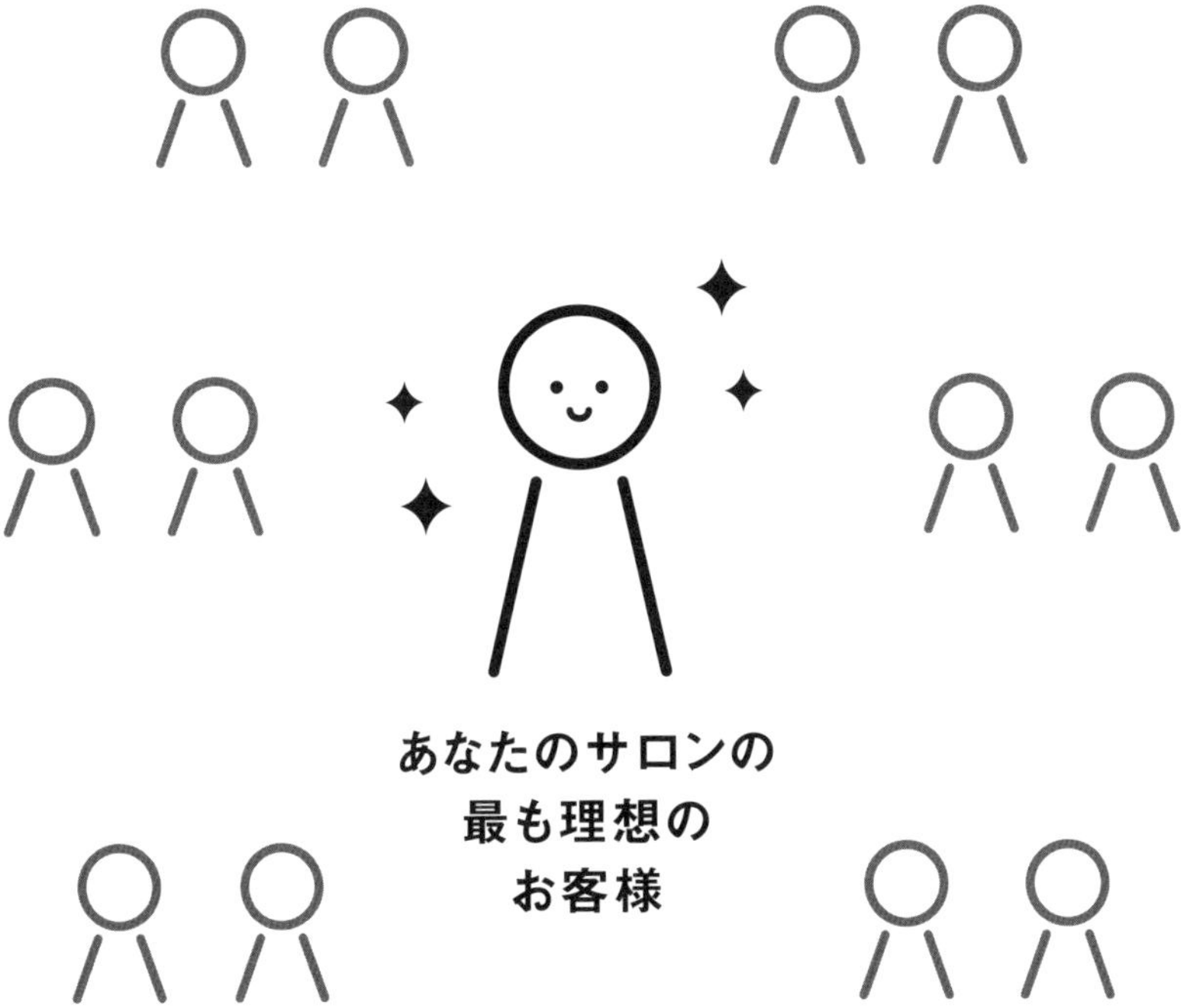

ウェブサイトもブログもチラシも
たったひとりのお客様に絞り込んで書く。

6 目立てばいいのか？

ここまで書いてきた「価値を伝える」「他との違いを明確にする」「相手を絞り込む」ということ。これらはつまり、「角を尖らせる」「エッジをきかせる」ということです。子どもの頃、草むらに入って行くと、いつの間にか洋服に植物の種のようなものがついていましたよね。私は「ひっつき虫」と呼んでいましたが、ダングサやオナモミのようなトゲトゲのついた種です。このように、**ものは尖れば刺さりやすくなるし、くっつきやすくなる。言葉もサロンも同じで、相手の心に残りやすくなる**ということです。だからどんどん尖らせればいいのですが、でもサロン経営の場合は少し注意が必要です。尖らせ方によっては逆効果になる場合もあるからです。

▼目的を見失わない

私のサロンでもオープン当初、失敗をいくつもしてきました。例えばある日、店頭を目立たせるために電光掲示板を設置しました。夜でも明るくキラキラと光り、とても目立ちました。これで問い合わせも増えるだろうと期待していたのですが、あっさりとそれは裏切られました。増えたのは男性の声の不審な電話ばかり。そればかりか、客数も次第に減っていったのです。どうも、品のない店と間違えられたり、品位そのものを下げて受け取られてしまったようです。

ウェブサイトもそう。チラシもそう。**目立つことも大事ですが、度を越すと下品になったり、安っぽくなったりすることが多くあります。**

ここで最初の考えに立ち返ってみましょう。本当の目的は何なのか？　目立たせることが目的なのではなく、大切なのはもっともっと先、「お客様に繰り返し通っていただく」ということ。そうです。その最終目的がぶれないよう、そのための理想のお客様から逆算して、一つひとつの作業を行なっていくことが大切です。

▼品よく目立たせる

あくまで品位を下げないように、それでいて角が尖ってしっかりと突き刺さる。その理想的な方法はどのようなものなのか。では、いよいよ次のページから詳しくお話していきましょう。

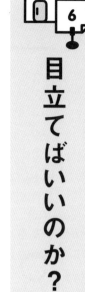

目立ちすぎも考えもの

品よくスマートに目立たせる。

7 その集客、全部裏目ですよ

本来、理想のお客様が集まって来れば、いつしか集客をしなくても先の先まで予約で埋まる日が来るはずです。では、なぜそうなっていかないのか？　多くの方が常識だと思っていたのに、実は裏目になってしまっている間違った集客法があるからです。

▼いつでも入れるお店

安売りがよくないことは何度も書いてきましたが、「いつでも行けるお店」というのも実は裏目になりやすいものです。いつでも行けたほうが便利でしょう。便利だからお客様も喜ぶでしょう。でも段々こうなっていきます。**「いつでも行けるから、そのうち、気が向いたら行こう」そしてそのまま「そのうち、そのうち」と、いつしか忘れ去ってしまう方も多いのです。**

私のサロンでも当初は、定休日も設けずにお客様の都合に合わせて店を開けていましたが、講習などで忙しくなり、日にちも時間も制限して、週に数日しか予約をお取りしていない現在のほうが、売上が上がっているというのが現実の話なのです。

▼えっ！　売り込みしてくれないの？

もうひとつ、多くのサロンのウェブサイトなどを見て気になるのが**「当店では回数券や商品の勧誘はしません」**というもの。恐らくそのオーナーは、どこかの店で強引な勧誘を受けて嫌な思いをされたのかもしれません。もしくはお客様やまわりの方からそのような話を聞かされたのかもしれません。でも現在の私のサロンでは実に9割以上の方が回数券を何度も更新されていますし、毎回のように商品をご購入されています。それどころか、「今日は何かいい商品はない？」とお客様のほうからたずねてこられる場合も多くあります。これはいったいどういうことなのでしょう。私のサロンの常連様が言われた次のひと言にすべての答えがあります。

そのお客様は、私のサロンに10年間ずっと欠かすことなく週一のペースで通われ、毎回5万～10万円ほどのお買い物をされていきます。ところがその方には行きつけの美容室があるのですが、そこでは一度も商品を購入したことがないとおっしゃるのです。美容室に商品が置い

お客様が無意識に思う「そのうち」が怖い

「いつでも行けるお店」が裏目になって、
「そのうち行く店」＝「いつまでも行かない店」
になってしまう。

ていないわけではないのです。でも買わない。理由を聞いてみると、「だってその美容室、スタッフさんが商品をすすめてこないから……」。

商品があるのにすすめてこない。だからこう思われているそうです。**「すすめてこないってことは商品に自信がないってこと。そんなものを買う気にはならない」**

衝撃的なひと言でした。世の中に買い物の嫌いな人はあまりいないでしょう。むしろよいものは買いたいと思っている。でも、気になる商品でも店員さんがそれをすすめてこなければ買わないという方も多いのです。

▼声をかけられたら嫌な時

私自身の場合もそうです。洋服を買いに行った時、店員さんが声をかけてこないと「やる気がないのかな」と思って店を出てしまいます。声をかけてきて熱心に説明してすすめてくれると「買おう」と思うのです。

「いや、私は店で声をかけられるのは嫌だ」と言う方もいらっしゃることでしょう。でもよくよく考えてみてください。声をかけられたら嫌だと思っている時は、本気で洋服を買おうと思っている時でしょうか？　何となく探している時ではないでしょうか。もちろん、あまりにもしつこくつきまとわれるの嫌でしょうが、本気で買いたくて商品を探している時は、むしろ声をかけてくれたほうがうれしいのではないでしょうか。

▼すすめないのは誰のため？

これらは極端な例かもしれませんが、お客様のために商品をおすすめをしないというのは、買う気のないお客様に焦点を合わせていることになります。「当店では回数券や商品の勧誘はしません」と公言することは、買いたくない人や買う気のないお客様ばかりを集めてしまうことになるかもしれないのです。まわりには商品や回数券を買いたい方だっているはずなのに、です。

本当にお客様のためを思ったら、よい商品はおすすめしたほうがいいに決まっている。もしかしたら勧誘をしたくないという人は、お客様ではなく**「断られるのが嫌という自分自身」に目が向いているのかもしれません。**

当然、だからといって強引に何でもおすすめすればいいというものではなく、しっかりとしたヒヤリングやカウンセリング、アフターフォローは必要ですが、大事なことはひとつ。しっかりとお客様に目を向けることです。お客様は何を望んでいらっしゃるのか？　この先どうなっていきたいのか？　その上で出た答えは本物でしょう。また、そのお客様はただのお客様ではありません。あなたにとっての「理想のお客様」です。

買いたいお客様は必ずいる

おすすめをしない店は買いたいお客様を遠ざけている。

8 集客「3段階の法則」

裏目になってしまう集客はまだたくさんありますが、ここでもうひとつ大事なことについてお話したいと思います。それは「集客のタイミングとやり方」について。

私は、集客のやり方はサロンの状況によって3段階に分けられると考えています。

・オープン当初（知名度のない時期）
・繁盛過渡期（ある程度軌道に乗ってきた時期）
・繁忙隆盛期（人気店になってから）

オープン当初に人気店のような集客を行なっても効果は薄く、隆盛期にオープン初期のような集客をしても逆効果になることもある。また、過渡期に隆盛期や初期のようなやり方をしても中途半端になってしまいます。この3つの時期を見極めることによって最短で効果的な集客が行なえるようになるのです。では、その3つについてそれぞれ詳しく説明していきましょう。

▼オープン当初の集客

この時期は、何よりサロンの知名度が低いというのがネックになります。そこで、しっかりとお金をかけた集客を行なうと共に、地道な情報発信も重要になってきます。広告誌やポータルサイトも有効ですが、これはあくまで「世間に認知されるため」と考えたほうがよいでしょう。不思議なもので、有料の広告であっても、有名なところに掲載されると「いっぱしのサロン」として認めてもらえやすくなります。「あのサイトに載っているから安心だ」などと、根拠なく安心感を持たれたりするのです。

実際、私のサロンでもオープン当初にクーポン誌に激安で掲載し大失敗したことがあったのですが、今になって思えば、「知名度を上げる」「認知される」という意味においては正解だったのではないかと思います。現在はポータルサイトも、それほど格安価格で掲載しなくてもよくなっているようなので、あくまで初期の認知度アップを目的として利用するのもアリかもしれません。ただし、そこに依存してしまうのではなく、しっかりと**お客様がリピートする仕組みを構築し、一刻も早く卒業する**ことをめざすのがよいでしょう。

集客「3段階の法則」①

オープン当初の集客

知名度や認知度を上げる

有名媒体への掲載

・少ない入客数でもしっかりリピートしていただく仕組みをつくる
・ブログや自社サイト等の更新は積み重ねておく

**この時期の地道な積み重ねが
後の宝になる。**

また、有名な雑誌に掲載するという手もあります。こちらも有料なのですが、広告ではなく「取材記事」のような載せ方をしてもらえるので、より認知度は上がります。ただし、掲載料はかなり高額になる上、そこからの直接の集客はそれほど見込めない（じわじわと反応が出る）ため、どちらかと言えば、直接の集客よりも、**掲載されたことをサロンの自社サイトやブログ等で紹介して、「二次使用」としてサロンの認知度やブランド力を上げることを目的**とするのがよいでしょう。

オープン当初はサロン自体の認知度が低いため、サイトの検索順位もなかなか上がってこないものです。いかに認知度を上げるかを考えつつ、同時進行で少ないお客様をしっかりとリピート化することが重要になってきます。また、ブログやSNS、自社サイトの更新はしっかりと行なうこと。正直、この時期は反応も少ないです。それでも書き続けることが大事です。なぜなら過去の記事の積み重ねが、後に宝物になってくるからです。

なお、「ポータルサイトに掲載しているから自社サイトはいらない」と考えてつくっていない方もいらっしゃいますが、後々のことを考えると必ずつくっておいたほうがいいです。なぜなら先に述べたように、ポータルサイトはやがて卒業することを前提としているからです。

▼繁盛過渡期の集客

ある程度予約も埋まり、世間からも認知されてきたら、少しずつ集客方法も変えていく必要があります。まずはポータルサイト等への掲載を減らしていくこと。なぜかというと、掲載し続けることでの弊害も多いからです。まず**「このサロン、毎回毎回、何年も掲載されているけど、人気ないのかな」**と思う方もいらっしゃるということ。掲載し続けているということは「顧客が定着しない＝満足度が低いのでは？」と思ってしまう方もいて、得てして**そのように思われる方ほど「ずっと通いたい店を探している方」**であることが多いのです。

また、ポータルサイトというのは、そのサイト自体の固定のファン（会員）がいて、その方たちがグルグル回っている状態とも言えます。つまり、ある程度掲載し続けると、一巡してそれ以上の新規開拓の割合が下がってくる傾向にあるのです。「いやいや、私のサロンは今でもかなり新規の反響がありますよ」という方、実はそこにはカラクリがあります。

ポータルサイトの中には、誰かがあなたのサロンの名前で検索した時、そのポータルサイトが上位表示されるように広告を出している会社もあります。例えば私のサロンが掲載していたとして、「ロズまり」で検索した

集客「3段階の法則」②

繁盛過渡期の集客

- お客様の声を増やす
- 実績をアピール
- コンテストに出る
- リスティング広告
- 自社サイトをより充実させる

地道に積み重ねた情報や実績が徐々に花開く頃。
リピーターも増えてきているはず。

時に、そのポータルサイトが上のほうに表示される。何が問題なのかピンとこないかもしれませんが、あなたのサロン名で検索するということは、その人はあなたのサロンを知っている＝あなたの顧客ということです。それなのに、ポータルサイトが表示されることで、そこを経由して予約してしまう。**本来、ポータルサイトがなくても集客できたお客様を、いかにもポータルサイトが集客したように見せている**……とも取れるかもしれません。さらに、もしも「集客手数料」のような名目で追加広告費を取られているとしたら、少し怖い気もします。

では具体的にどのような集客方法がよいのか。ある程度知名度や顧客数も上がってきたわけですから、そこを前面に押し出していくことが大切です。検索順位も上がってきていることでしょう。こうした自社のツールを活用して、なるべくお金をかけずに集客する方向に変えていくのが得策です。お客様の声をさらに増やしたり、予約の取りにくさを記事にしたりする。これまでの実績を明示してあなた自身の価値を高めることも重要です。**「価格」ではなく、高まった「価値」を伝える**ことで、集客できるお客様の質も上がってきます。この時期の集客は、かなり楽しくなってくることでしょう。

また、「コンテストに出場する」というのもよいと思います。これまで積んできた経験や実力を活かして、上位入賞をめざしてみる。入賞すれば権威も知名度も上がり、一気にサロンの発展も加速します。上位まで行けなかったとしても大丈夫です。そこにチャレンジする姿こそがお客様の共感を呼び、結果として集客にもつながるようになるのです。

もうひとつ、「リスティング広告」もとても有効です。成果課金型という支払方法なので広告費も抑えやすく、優良なお客様が集まりやすくなります。リスティングはオープン当初にも有効ですが、自社サイトやブログの充実度が増したこの時期はさらに効果が上がります。

▼繁忙隆盛期の集客

常に予約がいっぱいの状態。ここまできたら、ほとんど広告費をかける必要もなくなってきます。どちらかというと予約をさらに絞り込み、より上質のお客様を集めることに意識を向けたほうがよいでしょう。客数はこれ以上増やせないので、客単価を上げるような集客を考えればよいのです。一層情報の質を高めていきましょう。

そして最も大事なこと。**広告費は新規客ではなく、その大半を常連様の満足度アップのために注ぐこと。**すると、さらにリピートや予約が増え、サロンは発展に向かっていきます。

集客「3段階の法則」③

繁忙隆盛期の集客

広告費をリピーターに回す

客単価を上げる

情報の質を上げる

より上質なお客様を集める

常連のお客様の満足度を上げる販促費が、
実は最大の広告宣伝費である。

9

そこからは逃げないほうがいい

いかがでしたでしょうか。繁盛店になってからの集客はさらりと書きましたが、実際にほとんど広告費をかけなくてもサロンが成り立つようになります。

夢のような世界だと思いませんか？　2章からはそこに至るまでの具体的な方法について書いていきますが、その前に皆様にお伝えしておきたいことがあります。それは「今の状況を受け止める」ということ。

▼掛け持ちの悲劇

私が多くのサロンを見させていただく中、「売上が低いから他でアルバイトしている」という方もいらっしゃいました。でも悲しいことに、その半数は結果的にサロンをつぶしています。かくいう私自身も、オープン当初の経営不振の時に、夜中にできるアルバイトを探したことがあります。もしもあの時、面接に通っていたら……、恐らく今、サロンはなかったでしょう。

他に収入源があったほうが安定はするでしょう。でもそれは、労働者としての収入であるべきではありません。サロンを開いた以上、あなたは「経営者」なのです。経営者としてできることを探していくことが大切です。

▼心からの感謝の上に

経営不振の中、私は、売上がない状況と真剣に向き合うことにしました。来る日も来る日も予約の入らない不安。焦り、恐怖心。必死になってあがく日々。その中から見えてきたもの。それは、**「少ないながらも通ってくださるお客様への心からの感謝」**だったのです。その思いがあったからこそ今があります。その当時から通ってくださったほとんどのお客様は、今現在も11年間ずっと、私のサロンに通い続けてくださっています。

あなたは今、苦しい状況かもしれません。でもそれを受け止めて、感謝の気持ちをすべてお客様に捧げる。その気持ちを持って、この先に書いてある内容を実践していってほしいのです。**単なるテクニックだけでサロンはよくなっていきません。**その先にいるのは血の通ったお客様。心が伴ってこそ最大の効果が出るのです。

さあ、お客様に最大限の感謝の気持ちを持って、ページを開いてください。2章のはじまりです！

目の前のお客様に心から感謝の気持ちを

**感謝の気持ちがあるからこそ
すべての販促はうまくいく。**

2章

あなたのサロンの価値を決めるもの

1 知らない人からのラブレター

私は「集客」とはお客様を集めるというよりも、**「お客様が集まってくる」**というようなニュアンスで考えています。どのようなお客様に来ていただきたいかを明確にし、サロンの価値が高まるような情報をしっかりと発信していくことによって、それに共鳴するお客様が集まってくださるようになる。2章では、そのあたりのことについて細かく書いてまいりましょう。

▼いきなりラブレターを送りつけられたら

今の時代では稀だと思いますが、数十年前、私が学生だった時代は告白と言えばラブレター。下駄箱にラブレターが入っているなどという話にあこがれを持ったものです。一度も入っていたことはありませんが……。

でも、もしも受け取ったとして、そのラブレターに差出人名が書いてなかったら、あるいは、書いてあっても知らない名前だったらどうでしょう。うれしい反面、少し怖いような気もします。しかも、そのラブレターが毎週毎週、定期的に下駄箱に入っていたら……。

もはやラブストーリーではなく、ホラーやサスペンス。「付き合ってください」と書いてあっても、まずOKする人はいないでしょう。今の時代で言えばメールやLINEでしょうか。不審に思って受信拒否やブロックする人もいるでしょう。この話、何について言っているのかというと、サロンの集客についてです。

▼最も高いハードル

チラシ広告、ポスティング、ポータルサイト、そしてホームページ。多くのサロンではこれと同じようなことがされています。お客様が初めてのサロンに行こうと思う時、最も不安なのが、**「どんな人が働いているのか?」**ということです。最近は、野菜でさえも生産者の顔写真や名前が書いてある時代。その数十倍から数百倍もの料金を支払うサロンに、働いている人のプロフィールがないのはあまりにも不安です。そうした不安要素を取り除くこと。それだけでもハードルはかなり下げられます。どんな人から送られたラブレターなのかがわかれば、相手も安心して読んでくれるようになります。まずは読んでいただくこと。それが大切だからです。

まず読んでもらうためにすること

知らない人からのラブレターは不安。
それはサロンのチラシやウェブサイトでも同じ。

2 サロンの顔は、あなたの顔

広告やウェブサイトにプロフィールを載せることで、お客様のハードルは下がる。そうは言っても個人で営んでいるサロンの場合、プロフィールを載せることに不安もあるでしょう。自宅サロンであればなおさらです。ところが、フェイスブックなどのSNSが広まった現在、私のまわりのサロンでも顔写真を公開している方が増えてきましたが、それが原因で嫌なことや問題が起こったという声はほとんど聞きません。むしろ、メリットのほうが大きいという声が大半です。

▼魅力的なプロフィールとは

では、「あなたのサロンの魅力＝あなたの魅力」を最大限に伝えるためにはどのようなプロフィールが理想なのか、これからじっくりと書いていきましょう。まず最も大事なのが、ここまで話してきた**「顔写真」**です。

顔写真の情報量というのは膨大です。動画に次いであなたを伝えられるのは顔写真と言ってよいでしょう。目や口元などの表情から、あなたの性格や人間性、歴史までもが伝わってくるかのようです。

ですからやはり、顔写真はプロのカメラマンに撮ってもらうのがよいと思います。自撮りしたような写真では、あなたの価値が安っぽく伝わってしまうこともあります。実際、私のまわりにも、**プロフィールの写真を変えただけで集客人数が4倍に増えた**という例もあるほどですから、1回分の広告費を削ってでも、写真撮影にお金をかけたほうが有効だと言えるでしょう。

▼理想の顔写真の選び方

また、プロに撮ってもらった写真でも、数枚の中からどれを選べばいいか迷うこともあると思います。その場合には、あなた自身の好みで判断するよりも、あなたのサロンの常連様に選んでいただけばいいのです。常連様の中でも、特にあなたが理想とするお客様。その方に選んでいただいた写真は、そのお客様と好みの近い方、つまり、これから現れるであろう、まだ見ぬ理想のお客様に伝わり、来店につながります。

小さなサロンにとって、サロンの顔はあなた自身の顔。最高の写真を載せることからはじめてみましょう。

写真の情報量は膨大

プロフィールで大切なのは「顔写真」。
広告費を削ってでも写真に力を注ごう。

3 完璧なものは人を遠ざける

顔写真の次に、あなたの経歴や実績を伝える文章も重要になってきます。では、小さなサロンにとっての理想的なプロフィール文章とはどのようなものでしょう。

よく見かけるのが、習得した資格やサロン歴を羅列したもの。これはこれで重要なのですが、それだけで終わってしまったのでは、肝心なあなたの「人」の部分が見えてきません。経歴や実績と共に、あなたの趣味や好きな食べ物など、**ちょっとした人間味が見えることで、人は親近感を覚えやすくなります**。また、好みが同じお客様がいた場合、あなたに対して**「共感」**を持ってくださるようになります。これが思った以上に強いのです。

▼「隙」は「好き」につながる

また、どうしても人は自分の弱点を隠そうとしてしまいます。苦手なことや失敗したことなど、人には知られたくないこともあるでしょう。でも、童話や漫画、映画などの主人公を思い浮かべてください。弱点のない主人公はほとんどいないのではないでしょうか。**完璧すぎるものに人は魅力を感じません。**あなたのプロフィールも同じです。ちょっとした弱点や隙の部分、そこにこそお客様は共鳴し、好意を持ってくださるのです。「隙」とは「すき」、つまり「好き」につながるものなのです。

▼加減が大事

ただし、いくら「隙」が「好き」につながると言っても、隙だらけではどうしようもありません。お客様がずっと通いたいと思われる理由のひとつは、**「あなたのようになりたい」**というものでしょう。「あなたのようなきれいな肌になりたい」「美しい体型になりたい」「思いやりのある人になりたい」等々、少なからずあなたを理想と感じるからこそ、ずっと通いたいと思われるわけです。隙ばかりでなく実績も伝える。その塩梅が大事です。

▼もうひとつの欠かせないもの

さらに、プロフィール文章の中で欠かせないのが、あなた自身の「思い」です。お客様に対する思い。サロン、将来、自分自身に対する思い。その思いが伝われば伝わるほど、人の心を打ちます。赤裸々に、堂々と、心を込めて、あなたの思いを吐き出していきましょう。

無敵な主人公に人は魅力を感じない

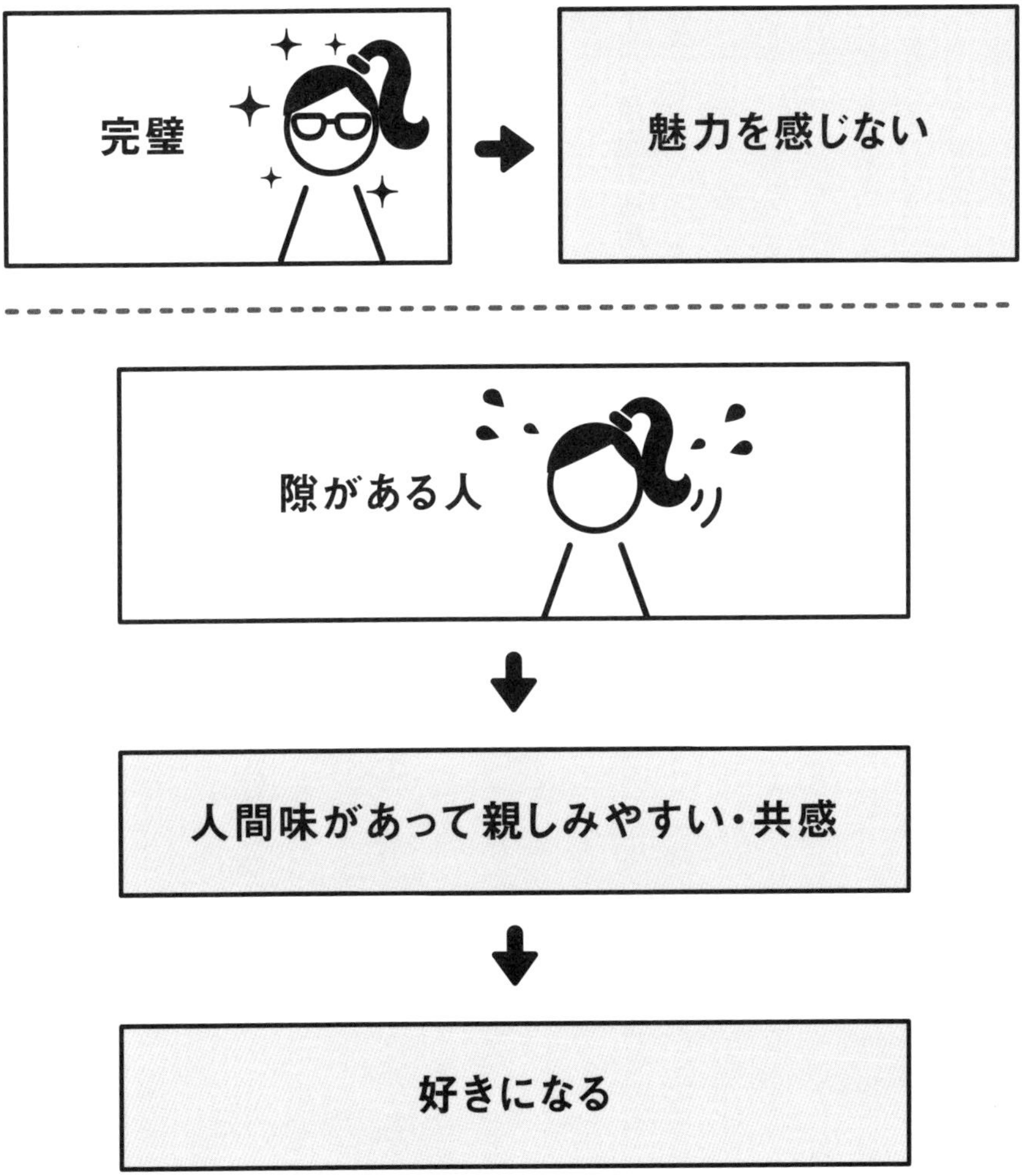

あなたの経歴や実績に
「あなたの人柄」を加えよう。

4 びっしり文字は好きですか？

次に、プロフィールの文字数について。お客様に共感していただくためには何文字ぐらいのプロフィールを書けばよいでしょうか。これには諸説ありますし、載せる媒体によっても変わってきます。紙の広告であればそれほど多くは載せられないでしょうし、自社のウェブサイトであれば1ページ使ってたっぷりと載せることもできます。たくさん書けば書くほどコアなファンがつきやすいと言う人もいますし、長すぎると読まれないと言う人もいます。結論から言うと、どちらも正解です。

▼プロフィール3段階の法則

長いほうがよいのに、長いと読んでもらえない。ではどうすればいいのか？　答えは簡単。短いものと長いものを両方用意して、連動させるようにすればよいのです。

人の脳は広告などを見た時、わずか0・3〜0・7秒でそれを読むかどうかを判断するそうです。また、人が一瞬で認識できる文字数は、9〜13文字とも言われています。つまり、**13文字以内、コンマ何秒という一瞬で「続きを読みたい」と思っていただくことが重要**だということ。それをクリアできて初めて、次の段階に進めます。

▼メリハリをつける

ですから、読みたいと思っていただくためには、13文字以内で「タイトル」や「キャッチコピー」のようなものを用意します。大きめの文字や太字、目立つ色だとさらによいです。ニュースレターもそうですが、同じ大きさの文字がびっしりだと読む気になりません。メリハリが大事だということです。

次に、140〜200文字ぐらいの簡潔なプロフィールを用意します。大体この書籍の6〜8行ぐらいの長さです。この文章の役割は、あなたのことを知って興味を持っていただくこと。簡潔にわかりやすく「もっと知りたい」と思っていただけるような文章が理想です。

最後に、あなたのことをトコトン知っていただくための長文プロフィール。これは、特に制限や決まりもないので、気の済むまで書きましょう。ただし、長文を読んで共感していただくにも大事なコツがあります。それについては後のページでご紹介します。

読みたくなるプロフィールはどっち？

「メリハリ」パターン

【向井邦雄 プロフィール】

独自の経営で繁盛サロンを！

飲食やサービス業界で実績を積み、様々なノウハウを吸収したのち美容業界へと足を踏み入れる。
11年前にエステ・リラクゼーションサロンの経営をスタート。当初は慣れない環境にかなりの戸惑いがあったが、一年を経ずサロンはV字回復。その後は次々に記録を塗り替える驚異的な発展を遂げる。

書籍がロングセラーに

不況の中、自分たちだけではなく美容業界全体をよくしていきたいと、独自で築き上げたサロン経営ノウハウをひとつにまとめ上げ、2011年、同文舘出版より著書『お客様がずっと通いたくなる小さなサロンのつくり方』を出版。アマゾンのビジネス書部門で売上1位となる（6年で増刷19刷）。大手メーカーやサロンからの講演・講師としての依頼も多数寄せられている。

多くのサロンがもっともっと幸せになるために

時に破天荒ともいわれるその経営術は、本やマニュアルで学んだだけの机上の空論ではなく、実際に自ら行動し結果を出してきた「血の通った経営コンサルティング」として高い評価を得ている。11月7日生まれA型。

「びっしり文字」パターン

【向井邦雄 プロフィール】

独自の経営で繁盛サロン
繁盛サロンをつくりあげる
飲食やサービス業界で実
収したのち美容業界へと足
11年前にエステ・リラクセ
慣れない環境にかなりの
サロンはV字回復。その後
異的な発展を遂げる。
書籍がロングセラーに
不況の中、自分たちだけで
いきたいと、独自で築き上
つにまとめ上げ、2011年
様がずっと通いたくなる小
アマゾンのビジネス書部門
19刷）。大手メーカーやサ
依頼も多数寄せられてい
多くのサロンがもっともっと
時に破天荒ともいわれる
で学んだだけの机上の空論ではなく、実際に自ら行動し
結果を出してきた「血の通った経営コンサルティング」とし
て高い評価を得ている。11月7日生まれA型。

プロフィールは「読みたい」と思っていただくため、長短、文字の大きさなど、メリハリをつける。

5 色の効果を侮るべからず

プロフィールに大事なメリハリ。ここで、その中でも「色」について、サロンで役立つコツをお伝えします。

目立つ色と言えば赤。これはわかると思います。赤色には、「目立つ」以外に「興奮する」「ポジティブになる」「時間が速く感じられる」などの効果があります。闘牛士が赤い布を持っていますが、あれは牛を興奮させるためではありません。牛は色盲ですから色はわかりません。実は、見ている観客を興奮させるためなのです。

▼色の及ぼす心理効果と経済効果

一方、アロマテラピー系のサロンを見ていると、鎮静色ということで青系の色を好んで使うお店が多いようです。青色には、集中力を高めたり、涼しさを感じたり、食欲を抑えたりする効果があります。でも、**気持ちが鎮静化するため、購買意欲も低下する**という面もあり、結果として客単価や売上が低くなる傾向があります。

それ以外にも、ピンク色は緊張を和らげ血行をよくすることで若々しくしたり、紫色は高級感がありインスピレーションを高めたり、緑色は健康でエコなイメージがあったりと、色彩がお客様に与える影響はとても大きいものです。私のサロンでは、お客様に美しく幸せになっていただきたいとの思いから、ピンク色や、高級感を出すためにこげ茶・黒を使うことが多いです。

売上にも直結する「色」について、プロフィールや広告でも意識してみるとよいでしょう。

また、「補色」と言って、赤とシアン（青）、マゼンタ（赤紫）と緑、黄と青紫などのように、背景と対照の色を使って文字を際立たせ目立たせる方法もあります。これも有効なのですが、やりすぎると目がチカチカしたり、安っぽい感じになったりするので注意が必要です。

▼大事なのは「お客様目線」

色彩が及ぼす心理効果や経済効果は奥が深く、極めるには専門的に学ぶ必要がありますが、**お客様の視点に立って色を意識する**だけでも大きく変わってきます。大切なのは、**「見やすさ」「わかりやすさ」「イメージ」**の3点でしょう。「相手がどう受け取るか」を意識しながら配色することが大切です。

色はお客様の心理やサロンの売上にも影響を与える

色	心理効果
赤	目立つ、ポジティブ、 興奮する、時間が速く感じられる
青	集中力を高める、涼しさ、 食欲を抑える、購買意欲低下
ピンク	緊張を和らげる、血行促進、 若々しくする
紫	高級感、 インスピレーションを高める
緑	健康的、エコ
こげ茶・黒	高級感、威厳、モダン

6 富士山とウルル

　プロフィールを書く上で重要なのが、「他店との違いを明確にすること」です。これを「差別化」と言いますが、わかりやすく言えば「他店にはなくて自店にはあるもの」。今は何でもインターネットで簡単に調べられる時代。まわりと同じようなメニューや商品では、すぐにお客様は安い店に流れていきます。結果として価格競争に陥ってしまい、最悪の場合、売上が下がって店を畳むことになります。ですから**「価格ではない、あなたのサロンを選ぶべき理由」**を見つけることが大事なのです。

▼ナンバーワンになる

「〇〇のコンテストで優勝した」などという実績があれば素晴らしいでしょう。よく言われる話で「日本で二番目に高い山は何ですか？」という質問があります。日本一高い山と言えばすぐに「富士山」とわかりますが、二番目に高い山を答えられる人は多くありません。一番と二番ではそれだけ差が出るということです。ですから、もしもあなたに一番になった経験があるなら、それは明示したほうがいいし、果敢にナンバーワンにチャレンジすることも大切なことです。しかし、多くの強豪がひしめく中、ナンバーワンになることは容易ではありません。一番になれなかったらどうすればよいのでしょう。

▼ナンバーワンにならなくてもよい

　ところであなたは、オーストラリアにある「エアーズロック（ウルル）」という山をご存じでしょうか？　大ヒットした映画で取り上げられ、新婚旅行などで観光客も多く訪れる山ですが、実はこのウルル、オーストラリアで一番高い山ではないのです。むしろ、一番高い山のほうが無名で訪れる人も少ないと言います。

　そうです。何も、必ず一番にならなくてはいけないというわけではありません。富士山が有名なのは高さだけでなく、あの美しい形が人々の心を打っているという事実もあります。**大事なのは順位ではなく「あなたならではの魅力」**。そう、「特別なオンリーワン」であればよいのです。あなただけの魅力、見つけられたでしょうか。なかなか見つからないという方へ、次の項で見つけ方のコツをご紹介します。

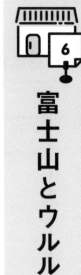

ナンバーワンを伝える。オンリーワンを伝える

ナンバーワンにならなくても
「特別なオンリーワン」になればよい。

7

「あなたならでは」の魅力を見つける方法

あなたやサロンの魅力を見つけるのは至難の業です。決して魅力がないというわけではありません。恐らく100人いたら100通りの特別な魅力があります。でもなかなか見つけられないのです。なぜでしょう。

▼当たり前が当たり前ではない

まず大きな理由のひとつに、**当たり前すぎて気づいていない**ということがあります。例えば私のサロンでは、痩身の機器をかける時に機械だけでなく手技も同時に行なっていますが、それが当たり前だと思っていたため、しばらくその魅力に気づきませんでした。施術を受けたお客様の反応がよい、定着率がよい。なぜだろうと探っていったら、機械の冷たさと手の温もりがうまく融合できていたからだったのです。その後、店内のPOPやウェブサイトなどでその魅力を伝えるようにしたところ、大幅に問い合わせが増えました。

あなたが普段、当たり前に行なっていることの中にも、他のサロンではやっていないことがきっとあるはずです。それを見つけて伝えるようにすればよいのです。

▼弱点こそがオンリーワン

それでも魅力が見つけられないという方は、**自分が弱点や欠点だと思っていること**に着目してみましょう。これは前著でも書いた事例ですが、私のサロンは東京にありながら駅から徒歩で30分。送迎をはじめてもあまり反応がよくない。しかし、お客様のひと言がきっかけで、打ち出し方を「送迎を行なっています」から「送迎つきのお姫様気分に浸れるサロン」に変えたところ、問い合わせが10倍に増えたのです。

「駅から遠い→弱点」だと思っていたことが**「他はやっていない→オンリーワンの魅力」**だったということ。これは、人の容姿などでも同じですね。自分では気に入らないと思っていた鼻や口の形が、他人から見ればあなたを特徴づけ覚えてくれる利点になることは多いもの。特に商売においては、それが顕著になります。

それでも自店の魅力を見つけられない方は、直接お客様に聞いてみるとよいでしょう。自分の背中は、他人からしか見えないのです。

あなたの魅力を見つける方法

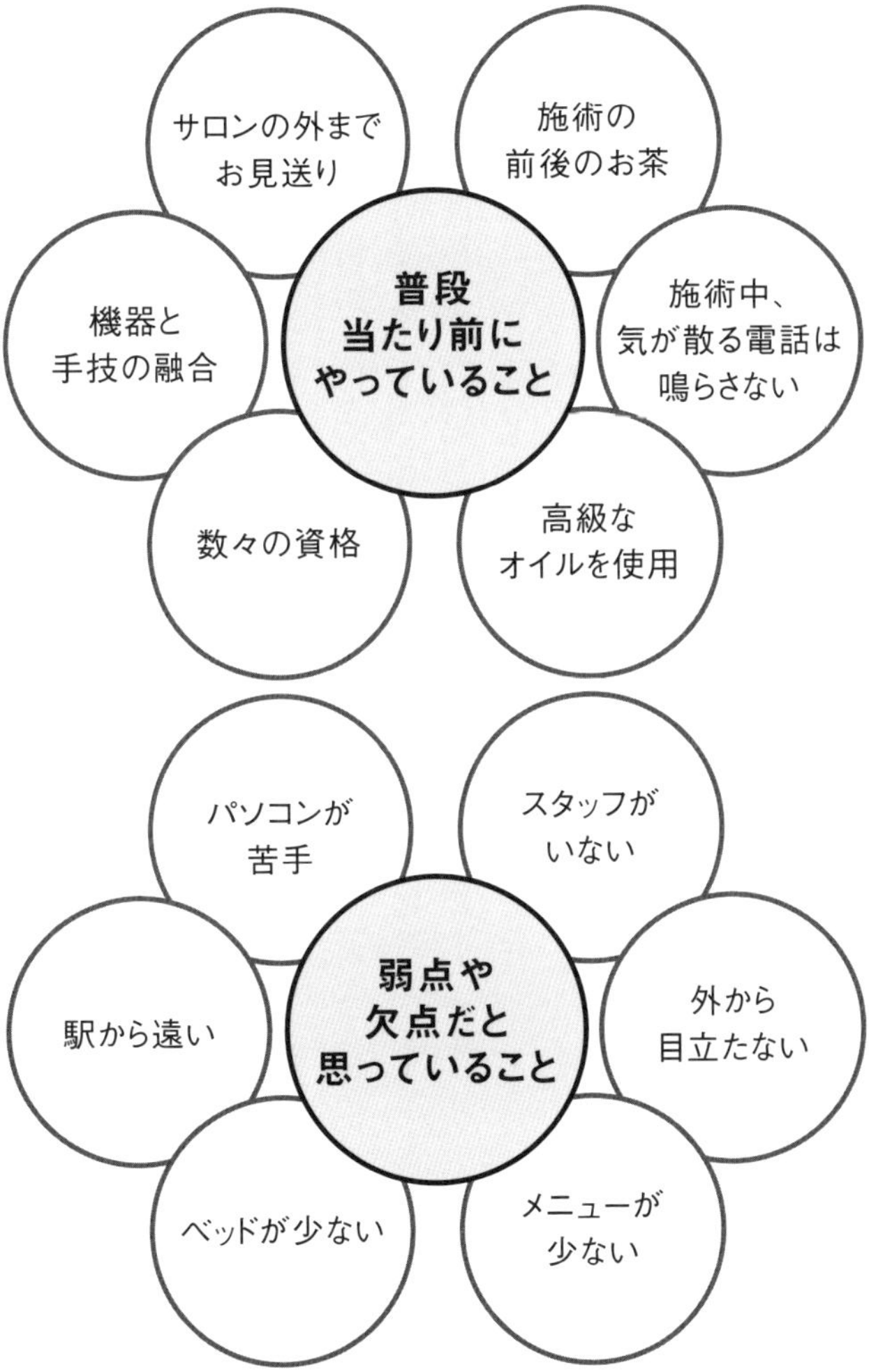

普段当たり前だと思っていることや欠点だと思っていることが、あなたならではの魅力であることは多い。

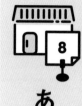

あの日観た映画のように

次はいよいよ、あなたの価値や魅力を文章にまとめる作業に入ります。これからご紹介する内容は、特に長文のものを書く際に有効になってくるでしょう。

▼映画は心理効果の集大成

あなたは映画をよく観るでしょうか。映画自体の歴史は120年ほどですが、その基になった演劇や物語はシェイクスピアよりももっと前、古代ギリシアにまで遡ります。つまりそこには二千年以上にも及ぶ、歴史と秘訣が散りばめられているということです。

起承転結、共感、インパクト、余韻など、観客を長時間飽きさせずにひきつけ続ける映画の手法は、プロフィールにも十分に活用できます。最後まで飽きずに読んでいただき、共感共鳴してファンになっていただく。そんなプロフィールを書くために、あなたがこれまでに夢中になって観た映画を思い出してみるとよいでしょう。

▼飽きさせない必勝パターン

人気の出る映画は、だいたい同じ流れ、構成でできていると言われます。「三幕構成」と呼ばれますが、**「発端（設定）」→「対立（葛藤）」→「解決」**という流れで、

・まずは状況を説明し、観客に把握させる
・ある日、事件やトラブルが起こり葛藤する
・努力の末それを解決して、めでたしめでたし

となります。トラブルの起こらない物語はつまらないですし、主人公が立ち向かっていかなければ面白くない。ハラハラしたり、先の展開に期待したり、主人公に共感したり、応援したり、そんな展開だからこそ、物語の終わる頃にはすっかりその主人公に成り切っていたり、ファンになっていたりするのです。

あなたにも様々なドラマがあったはずです。それをドラマティックに書いていけばよいのです。「それまでは平凡な人生でした。ところがある日、こんな事件が起こります。それを解決するために、何度もチャレンジしました。あきらめかけたこともあります。でも、お客様のこんな声が私を支えてくださった。涙が出るほどうれしかった。そのおかげで今の私があります」。そうです。人はドラマが好きなのです。そこに感情移入するのです。

プロフィールやチラシに活用できる三幕構成

それまでは平凡な
人生を歩んでいました。

ある日、こんな事件が
起こります。
解決するために
何度もチャレンジしました。

お客様の声に励まされ、
ついに壁を乗り越え、
ハッピーエンド!

映画には、人の心を動かす
数々のコツが秘められている。

9 嫌いなヒロイン

ドラマティックなプロフィールは共感を呼び、来店前からお客様がファンになってくださりやすくなります。でもここで、気をつけなければならないことがあります。

▼なぜか入り込めない

以前、私が観たある映画。弱虫でいじめられていた主人公が、あることをきっかけに強くなり、様々なトラブルや悲しみを乗り越えて最後はハッピーエンドで終わるという、まさに王道。とても好きなストーリーでした。最初から最後まで飽きることなく、ワクワクハラハラしながら観ていたのですが、どうも最後まで違和感があり、入り込めない自分がいます。ストーリーは完璧。演出もよい。最高のはずなのです。でも何かが違う……。

その答えは「ヒロイン」でした。個人的な主観ではありますが、主人公には共感できたのにヒロインが好きになれず、最後まで受け入れられなかったのです。

逆の場合もあります。ヒロインはよいのに主人公が肌に合わない。あなたにもきっと、そのような経験があることでしょう。

これればかりは好みの問題なのでどうしようもないような気もしますが、実はここがとても大切な要素です。

▼魅力的な人物になる

ドラマティックでお客様の心を打つようなプロフィール。でも、そこに出てくる配役が魅力的でなければ、共感されない。ですから**登場人物、すなわち「あなた」は魅力的な人物でなければなりません**。魅力的とは清く正しく美しいこと。美しい言葉遣い、明るく前向き、善、正義。間違っても他人の悪口や人を見下すような言葉、怠惰でマイナスなことを書いてはいけません。正しい人が一所懸命に努力して成功をつかむからこそ、人は共感し、応援し、ファンになってくださるのです。

そうは言っても、誰からも好かれる主人公なんて存在しません。全員に合わせようとすればかえって特徴がなくなり、「そこそこな存在」になってしまいます。それでは熱狂的なファンはつくれません。ではいったい、どうすればいいのか？　そう、あなたにとって理想のお客様に向けて書いていけばいいのです。

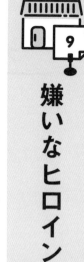

魅力的な人物とはどんな人？

魅力的な人でなければ、お客様に共感されない。
ただし、誰からも好かれようとする必要はない。

10 行きにくいサロン、行きやすいサロン

プロフィールを充実させ、「集客3段階の法則」も進めていくと、徐々にお客様からのお問い合わせが増えると同時に、もうひとつ気づくことがあると思います。

「お客様の層が変わった」。そうです。安さや設備、メニューより「人」を売りにすることで、はじめから「このサロンしかない」と決めて来てくださる方も増えてきます。そういう方は美や健康に対する意識も高く、しっかりとアドバイスに耳を傾けてくださいます。結果、よりグレードの高いメニューを受けてくださったり、商品も購入してくださったり、リピートにつながりやすいので、サロン全体の予約が埋まりやすくなってくるのです。

▼共感集客の弊害

予約が埋まってくると、今度は困ったことが起こります。予約が取りにくくなるのです。でも、それはむしろマイナスではなくプラスのことです。あなたが店を選ぶ時、いつもガラガラの店と予約がいっぱいの店、どちらを選ぶでしょうか。お客様も同じです。実際に私のサロンで起こった面白い事例をふたつ紹介します。

▼来店していないのにリピート

私のサロンではウェブサイトに予約の空き状況を載せているのですが、ほとんどの日が×で予約が取れません。わずかに空いている日時に予約を入れてくださった方にメールで対応をすると、すぐに返事が来てこうおっしゃるのです。「すみません。予約がなかなか取れないので、その先の予約も入れておいていいですか?」。

まだ一度もご来店されたことのない方です。初回でも2万円近いメニュー。敷居が高いはずなのに、2回以上先まで予約を入れてくださる。これほどありがたいことはありません。しっかりと共感していただき、全体の予約が埋まることで、それがまた実績となり、他のお客様もより一層ファンになってくださるのです。

▼予約の数が5倍以上に!

またある時、元々2ヶ月先まで予約が埋まっていた上にスタッフが退職したことで、さらに予約が取れなくなったことがあります。予約が来てもお断りするばかり。私のサロンは新規の方よりも常連様を優先する方針なの

予約が埋まっている店＝人気店

予約 空き状況

5月

	10:00～	15:00～	17:00～
1日	×	×	×
2日	×	△	△

大変申し訳ございませんが、
常連様を優先させていただくため、
新規の方のご予約はお断りさせていただきます。

	10:00～	15:00～	17:00～
9日	×	×	×
10日	△	△	×
11日	×	×	×
12日	×	×	×
13日	×	×	△
14日	△	×	×
15日	×	×	×
16日	×	×	×

予約が増えることで、
さらにサロンの価値が上がる。

で、状況が整うまで新規のお客様はすべてお断りすることにしました。「常連様を優先にさせていただくため、5月まで新規のご予約はお断りさせていただきます」。この時、まだ1月。約半年間、新規は受けつけられないと、ウェブサイトのトップページに大々的に表記したのです。

その結果、逆に新規の方からの問い合わせが殺到しました。「どうしても行きたいので、どこでもいいから入れてもらえませんか?」という方もいらっしゃいましたし、1月の段階で5月の予約を入れられた方もいらっしゃいました。

これが人の心理です。行きやすいほうが便利、行きにくいのは弊害だと思っていましたが、**行きにくくなったことで、逆にさらに価値を感じてくださった**のです。

▼もともと、なぜ予約が埋まったか?

こうして、今となってはとても人気のある当店ですが、それを決定づけたある出来事がありました。

それはまだ、私のサロンが売上に苦しみ、安売り集客をしていた頃。当時、2台のベッドで1日最大14名の予約を入れていました。クーポン誌に半額で打ち出していた頃です。インターバルもほとんどなく、入れ代わり立ち代わり、とにかく施術を詰め込む。スタッフの疲労は蓄積し、満足のいくサービスはできなくなっていました。

そして、ほとんどのお客様は離れていきました。

そこで考えた末、思い切って人数を制限することに。それは勇気のいることでした。でも、一人ひとりのお客様にもっと満足していただくにはそうするしかなかったのです。1台で1日3名。インターバルを2時間近く設け、もっとじっくりとお客様と向き合うようにしました。

結果、2ヶ月先まで予約が埋まり、クーポン誌に掲載しなくて済むようになるまで、それほど時間はかかりませんでした。

エステティシャンやセラピストは身体を使う商売です。ですから、**薄利多売をしてはいけない。お客様の数を減らしてでも、とことん満足度を上げること。**「このサロンしかない」とお客様に思っていただくこと。

集客、集客。

新規、新規。

焦りながらそこに目を向けるよりも、今、目の前にいてくださるお客様に全身全霊を傾けたほうがよい。

そうすれば、必ずお客様はまた来てくださいます。その小さな積み重ねが、大きな奇跡を生むのです。

なぜなら、今、目の前にお客様がいてくださること自体が、ひとつの奇跡ではないですか。

今、目の前にいるお客様を大切にする

薄利多売でお客様を詰め込むよりも、
お一人おひとりへのサービスの質を上げる。

11 好きな人からのラブレター

さて、ただの集客ではなく、「リピートにつながる集客」をしていくことで、サロンは徐々に人気が出てくると思います。そこまできたら、ひとつやってほしいことがあるのです。それは「ラブレターを贈ること」。

本章の冒頭で、知らない人からいきなりラブレターを送られたら戸惑ってしまうと書きましたが、これが「好意を寄せている人」からのラブレターだったらどうでしょう？　きっと心がときめき、その感動は忘れられないものとなるのではないでしょうか。

それは誰でも想像できると思います。ところが、多くのサロンではこれをまったくやっていないのです。

▼本当のラブレターとは

私のサロンでは、新規で来てくださったお客様に対して、必ずお礼のハガキを出すようにしています。直筆のメッセージを添えて、感謝の気持ちを綴る。**十分に信頼関係が築かれたあとですから、それはお客様の感動につながります。**「次回○%オフ」などの売り込みは一切ありません。あくまでお礼の手紙です。

それなのに、この手紙はＤＭ以上の効果があります。感謝の気持ちが感動につながり、来店時の思い出がよみがえり、忘れられない記憶となってお客様にとって唯一無二のサロンとなっていきます。私のサロンではこれを11年間、欠かすことなく続けているのです。

それだけ効果のある手紙ですが、このように伝えても、実際に出し続けているサロンはほとんどありません。来店されたことで安心してしまうのでしょうか。手紙を書くのを手間だと感じてしまうのでしょうか。数回はやってみても、すぐにやらなくなってしまうのです。

▼手間を減らすために手間をかける

たしかに、手紙を書くのは手間がかかります。施術や接客の合間に行なうのは至難の業です。でも、考えてみてください。手紙を出し続けることで徐々に常連様が増えていけば、手紙を出す手間も減っていくのです。

大事なのは「やり続けること」。

お客様にこの先ずっと通っていただくために、心を込めた最高のラブレターを贈りましょう。

喜んでもらえるラブレターを贈ろう

お客様に来店していただけたら、
とびきりのラブレターを贈る。

3章

売上アップの常識のウソ

1 なぜ集客にばかりこだわるのか？

・新規客が来ない
・広告宣伝費がかかりすぎる
・予約が少ない

サロンの半数以上の方が、集客が一番の悩みだとおっしゃいます。その悩みを解決するために、これが間違いだということを新しい角度から証明してみましょう。

▼本当の悩み

今、あなたのサロンの入客数が月100名・売上50万円だとしましょう。これが、80名で80万円の売上になったらどうでしょう。50名で500万円の売上だったらどうでしょう。恐らくほぼすべての方は悩みが解消するのではないでしょうか？　おかしいですね。入客数は減っているのです。集客が本当の悩みだとしたら、悩みは大きくなっているはずです。

こう考えていくと、**本当に悩むべきは集客ではなく「売上」なのだ**と気づかされると思います。集客だけに目を向けるのではなく、もう少し広い視野で考えていけばいいのです。売上というのは「お客様の数」「来店頻度」「客単価」の3つのかけ算になります。お客様の数が増えても、安売りをすれば売上が下がってしまうこともあるし、来客の数が減っても、既存のお客様の来店間隔が短くなれば売上が上がることもあります。

▼開業前の私の間違い

先日たまたま、オープン前に私がつくった10年先までの事業計画書が出てきたので、久しぶりに見返してみました。思わず笑ってしまったのですが、私が開業前に思い描いた10年先の未来は壮絶なものでした。

・開業直後　客単価5500円　1日の客数　7名
・10年後　客単価5500円　1日の客数　17名

どう考えても物理的に無理があります。個人規模のサロンでは1日17名も入れられないのですから……。金融公庫の融資向けにつくった事業計画書ですが、今思えばよくこれで申請が通ったなという感じです。現在、私のサロンが実際に10年経ってみると、客数はこれほど増えていませんが、売上は20倍にまでなっています。

その内訳は次のページで書いていきます。

本当の悩みは集客ではなく、売上である

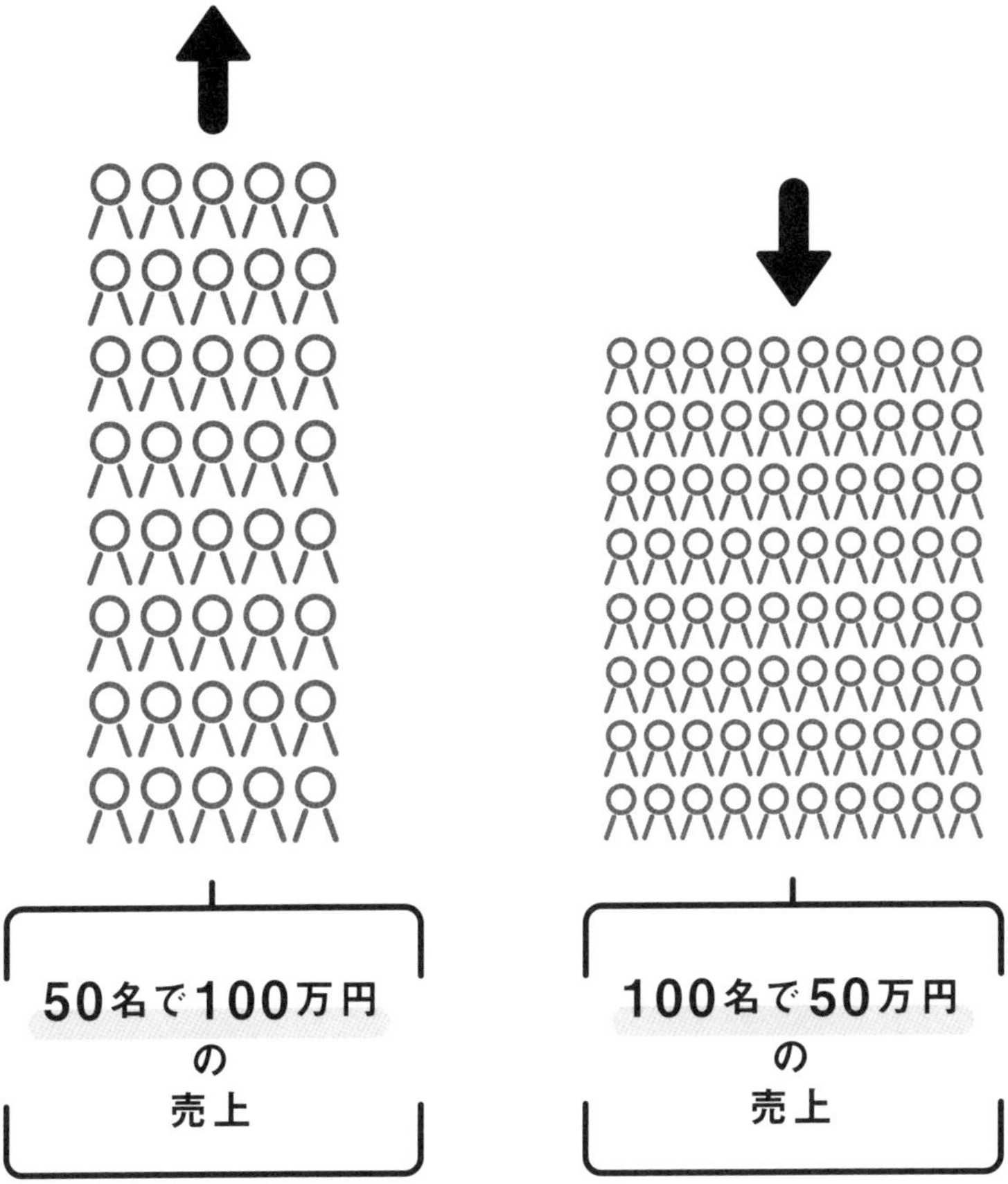

売上=「お客様の数」×「来店頻度」×「客単価」。

2 サロン経営の限界とは

入客数はほとんど増えていないのに売上は20倍。私のサロンは、いったい何が変わったのでしょうか？

▼限界のあるもの、限界のないもの

もうお気づきだと思いますが、ズバリそれは「客単価」です。個人規模のサロンには、限界のあるものとないものがあります。**限界があるのが「来客数」**。ベッド数も時間も限られているので来客数には限界がありま す。体力的、精神的にもいつか限界はくるでしょう。

一方、限界がないのが「客単価」。技術力や知名度を上げ、様々なアイデアを出していくことで客単価はいくらでも上がっていく可能性があります。私のサロンの現在の平均客単価は5万円。オープン当初の約10倍以上です。客数は当初の2倍ほどにしかなっていませんが、そのかけ算で売上は20倍になっています。客単価の重要性に気づいたことで、開業前に予想していた無謀な10年後の予想を、わずか3年目で超えたのです。

▼客単価の間違い

では、そもそも客単価とは何でしょう。おぼろげにはわかっている方も、これを完璧に理解しているかいないかでその後は大きく変わってきます。多くの方が「客単価を上げるのは難しい」と言います。「客単価を上げたらお客様は離れていく」と言います。これは、客単価の考え方が間違っているからに他なりません。**正しく理解すれば客単価を上げていくのは実はそれほど難しくない**のです。では、客単価とは何でしょうか？

答えは「お客様が1回に支払う金額」です。

ほとんどの方が正解だったことでしょう。そう、言葉としては正解です。でも、その言葉の裏にある微妙なニュアンスが違うのです。多くの方は、客単価が「お客様が1回に支払う金額」だと知りつつ、サロンの「メニュー」をイメージします。つまり、メニューの金額が客単価だと思っています。だから、客単価を上げるのに「値上げ」をイメージしてしまうのです。しかし、はっきりと言います。私のサロンは客単価を10倍にまでしてきましたが、これまでほぼ一度も値上げをしたことはありません。メニューの値上げはしていないのです。

「客数よりも客単価」実際の売上イメージ

開業前の予想売上(10年間)

(月に30日稼働)

	1年目	2年目	3年目	4年目	5年目
平均来客数(日)	7名	10名	10名	12名	14名
平均客単価	¥5,500	¥5,500	¥5,500	¥5,500	¥5,500
日計	¥38,500	¥55,000	¥55,000	¥66,000	¥77,000
月売上	¥1,155,000	¥1,650,000	¥1,650,000	¥1,980,000	¥2,310,000

	6年目	7年目	8年目	9年目	10年目
	15名	16名	16名	17名	17名
	¥5,500	¥5,500	¥5,500	¥5,500	¥5,500
	¥82,500	¥88,000	¥88,000	¥93,500	¥93,500
	¥2,475,000	¥2,640,000	¥2,640,000	¥2,805,000	¥2,805,000

実際の理想的な売上(10年間)

(月に30日稼働)

	1年目	2年目	3年目	4年目	5年目
平均来客数(日)	3名	6名	6名	6名	5.5名
平均客単価	¥4,500	¥10,000	¥16,000	¥19,000	¥24,000
日計	¥13,500	¥60,000	¥96,000	¥114,000	¥132,000
月売上	¥405,000	¥1,800,000	¥2,880,000	¥3,420,000	¥3,960,000

	6年目	7年目	8年目	9年目	10年目
	5.5名	5.5名	5.5名	5.5名	5.5名
	¥30,000	¥35,000	¥40,000	¥45,000	¥50,000
	¥165,000	¥192,500	¥220,000	¥247,500	¥275,000
	¥4,950,000	¥5,775,000	¥6,600,000	¥7,425,000	¥8,250,000

この表は、実際の私のサロンの売上推移を、わかりやすいように大まかな数字にしているため若干のずれがありますが、客単価を上げることで、来客数を減らしながらも売上が上がっていることがわかるでしょう。

3 客単価アップ。その手があったか!!

多くの方が「客単価アップ＝値上げ」だと思い込んでいます。でも、値上げをするのは難しいし、値上げをするとお客様が離れていってしまう。では、値上げをせずに客単価を上げるにはどうすればよいのでしょう。一番簡単な方法が「他に高いメニューをつくること」です。

▼簡単な客単価アップ法

今現在のメニューの料金が1万円だったとしましょう。それとは別に、もっと魅力的な2万円のメニューをつくってみる。10名中2名がそのメニューを受けると、トータル12万円で、客単価は1万2千円に上がります。どうですか。2千円客単価が上がりました。値上げをしていないのでお客様も離れてはいきません。お客様が離れずに客単価を上げることに成功したわけです。

「いや、そうは言っても2万円のメニューなんて受けてくれる人はいない」「誰も受けなかったらどうするの」。そう思う方もいらっしゃることでしょう。でも考えてみてください。これが例えば飲食店なら話は違います。売れなければ食材が傷み、ロスが出てしまう。その分、無駄な経費がかかります。ところが、私たちサロン業界のメニューは腐るわけではありません。つまり、極端に言ってしまえば**売れなくても損はしない**のです。損をしないのなら、つくっておいたほうがよいではないですか。

▼もうひとつの効果

また、高いメニューをつくることでもうひとつ効果があります。例えば、元々1万円のメニューの他に、あまり売れていなかった1万5千円のメニューがあったとします。2万円のメニューをつくることで、なぜか1万5千円のメニューがよく売れるようになります。これは**「松竹梅の法則」**という心理効果によるものです。2万円の上に3万円のメニューをつくるのもよいでしょう。5万円のメニューでもよいです。ちなみに、私のサロンで過去に売れた最高金額のメニューは70万円です。

とはいえ、金額が上がるほど受けてくださるお客様が減るのも事実です。では、どうすれば多くのお客様に喜んでいただきながら高額なメニューを受けていただけるようになるのか？　その方法は、6章で書きます。

客単価を上げる＝値上げではない

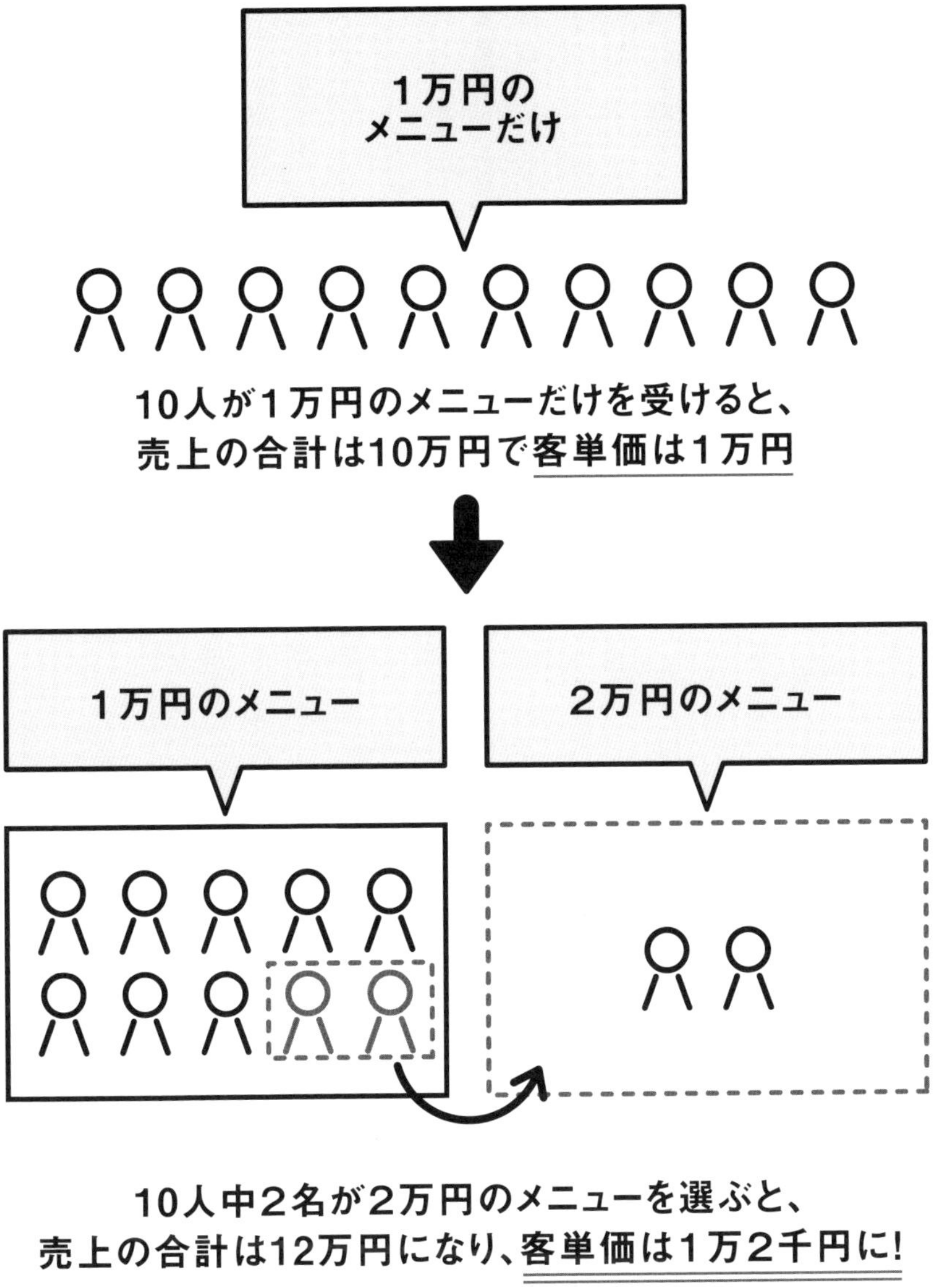

4 覚悟の分岐点

前述したように、私のサロンの分岐点は、薄利多売をやめ、お一人おひとりにじっくりと向き合い、施術や接客の価値（金額）を高めていったからなのですが、そこにはもうひとつの勇気のいる覚悟がありました。

▼新規客を取らない

その覚悟とは「新規客を取らないこと」。

取らないと言うと語弊がありますが、**「常連様を最優先すること」を徹底して行なった**のです。具体的には、

・施術中に電話がかかってきても電話には出ない（絶対に施術の手を止めない）

・常連様と予約が重なったら、新規の方はお断りする

・その日に入った新規の方のご予約はお断りする

非常にもったいないことです。お断りすればその日の売上は下がります。何てバカなことをしているんだろうと思ったこともあります。でも、施術中に手を止めるのは目の前のお客様にとても失礼なことですし、長く通ってくださっている方のご要望を最優先するのも当然のこと。1日の流れを事前に組み立て、徹底的に満足していただくことが重要だと考えたのです。

▼目先にとらわれない

その答えはすぐには出ませんでした。しかし、それを徹底することにより常連の方の満足度がさらに上がり、「私のためのサロンだ」と思ってくださった方が先の先まで予約を入れてくださるようになり、数ヶ月先の予約が埋まり、売上自体も上がっていったのです。

「いつも通ってくださっている○○様を最優先でご案内させていただきたいので、ぜひ次回のご予約を入れていってくださいますか？」

単に「この場のご予約で次回○％オフ」と言うよりも、確実に喜んで予約してくださることがわかるでしょう。

そして、さらなる副産物がありました。しばらくすると「当日ではなく、先の予定を空けてでもこのサロンに来たい」という新規の方が増えていったのです。

目先の売上を求めるのではなく、お客様を大切に思い、その先を見据えたこと。それこそが分岐点だったのです。

徹底して常連様を優先する覚悟

施術中は電話に出ない
（手を止めない）
その日の新規のご予約は
お断りする
予約が重なったら
常連様を優先
キリ

新規のお客様も大事だが、
それ以上に常連様を大事にする。

5 お客様だって気を遣う

売上を上げるために薄利多売をするのがなぜいけないのか？　もうひとつ理由があります。

体力的・精神的な限界が訪れ、サービスの質が下がると言いましたが、それと同時に「お客様に気を遣わせてしまう」という大きなデメリットがあります。

▼よいお客様ほど離れていく

「いつも混んでいて忙しそうね」は、まだよいのです。「大丈夫？　疲れているんじゃない？」。ここまで来ると危険信号。サロンのことが好きであなたを愛してくださっているお客様ほど、あなたの身体のことを心配してくださいます。**あなたの体調のことを気遣って短い施術を選んだり、予約を控えめにして来店回数を減らしたりするようになります。本末転倒。**本当に来てほしいお客様ほど、離れていってしまいやすくなるのです。

それに限らず、誰だって疲れ切った人の施術を受けたいとは思いません。サロンとは、健康できれいに若々しくなる場所。施術者に対して、「こんな人のようにきれいになりたい」「この人みたいに若々しく輝きたい」という思いをお客様は寄せてくださっています。まずはあなたが健康で輝いていること。その魅力こそがお客様をひきつけ、サロンの発展へとつながっていくのです。

▼「頑張れば報われる」のウソ

一所懸命に頑張ることは美しいことです。「これだけリーズナブルな値段で身を削って頑張っているのだから、お客様はわかってくださるだろう」「これだけ努力しているのだから、サロンが発展する日が来るだろう」。そう思っている方も多いことでしょう。小説やドラマならハッピーエンドかもしれません。でも現実はそうではない。頑張れば頑張るほど心も身体も疲弊し、お客様が離れていく。悲しいことにそれが現実なのです。

では、頑張ることは間違いなのか？　頑張ってはいけないのか？　そうではありません。**「頑張る場所を間違えていた」「頑張り方を間違えていた」**ということです。

あなたはこれまで、たくさん頑張ってきました。汗をかき、涙を流してきました。その努力を、労力を、時間を、これからはもっと違う方向に使っていきましょう。

お客様に気を遣わせてはいけない

何でも「頑張ればよい」という訳ではなく、
頑張る場所と方向が大事。

6 苦しいからうまくいかない

▼正しい努力とは

「正しい努力」とはいったい何なのか。そもそも人は、「苦しいことを耐え抜く」ことが努力だと思いがちです。それは素晴らしいことです。美しいことです。ただ、人の「脳」「本能」というのは想像以上に弱いもの。身体や意識は一所懸命に頑張っていても、心のどこか（深層心理）でそれを拒んでしまいます。だから疲れの色が見えたり、思い通りの結果が出なかったりします。

トップアスリート、山登りをする人、マラソンランナー等々、各分野で結果を出している人を見るとどうでしょう。苦しいことをしているはずなのに、なぜか楽しそうに見えませんか？　いや、楽しそうに見えるのではなく実際に楽しいのです。**楽しいからとことん頑張れる。**楽しいから疲れない。楽しいからくじけない。だから続けられるし、結果にもつながっていきます。

▼経営はパズル

これはサロン経営でも同じです。苦しいと思えばなかなか成果が得られないし、楽しいと思えばワクワクして頑張れる。それがお客様にも伝わっていきます。

私がドン底から這い上がろうとしていた時、ある日突然、心境の変化が訪れました。「楽しい」。ひとつの企画を考えて反応が得られたり、それが少し売上に現れたり。まるでゲームやパズルを解くような感覚で楽しみながら取り組むことができるようになったのです。

経営をパズルにたとえると、不謹慎だと思う人がいるかもしれません。でも、経営をパズルにたとえることでうまくいくことはたくさんあります。皆さん、ジグゾーパズルをやる時、どのように行なうでしょうか。早く簡単に解くためにはコツがあります。

・角の4つをはめ、上下左右を揃え、色ごとに揃える

闇雲に揃えていくよりも、こうすることで最小限の努力と労力で完成させることができます。「難しい」「苦しい」が「簡単」「楽しい」に変わっていくのです。

これこそがサロン経営の肝、最大のコツと言ってもいいでしょう。苦しいことはうまくいきません。経営も、思い切り楽しむことが大切です。

経営を「楽しい」と思う日が来る

パズルにも経営にも、解き方の順番がある。

7 誰もがやっている、お客様への最大の「失礼」

客単価を上げるための方法として「物販」があります。化粧品やサプリメントなど、お客様が日常でもケアできる商品をご提案することで、さらに満足度を高めていただく。その対価として売上が上がります。

　高額なメニューや商品。それらを展開する上で、多くの方が犯してしまっている最大の間違いがあります。最大の「失礼」と言ってもいいでしょう。

▼100円のお着替え

「すみません。お着替えが別料金で100円かかってしまうのですが、よろしいでしょうか……?」

　これは、私が実際に行ったマッサージ店で、店主に言われたひと言です。「100円? なんでわざわざそんなこと、申し訳なさそうに聞くの?」と一瞬不思議に思いましたが、その後すぐに別の感情に変わりました。

「ああ、この店は100円の着替え代で文句を言うようなお客様が多いのかな。安さばかりを気にする人の集まる店なんだな」と。

　その後、その店には行っていません。

▼親切心のつもりでも

　買うか買わないかはお客様が決めること。高いかどうかはお客様の判断すること。それなのに多くの施術者が、「こんな高い施術、この人は受けないだろう」「こんな高い商品、この人は買わないだろう」と思い込んでいます。あとになって「何でもっと早く教えてくれなかったの?」と言われるのはよくある話。でもよくよく考えると、これはお客様にとても失礼な話ではないですか? 悪い言い方をすれば、「お前にこれを買えるお金なんてないだろう」と言っているのと同じ。お客様からしたら勝手に**買わないと決めつけられている**のです。

　当然、施術者はそんな気持ちではないと思います。でも、そう捉えてしまうお客様もいらっしゃるということ。せっかく記念日に指輪を買いに行ったのに、店員さんに「どうせ冷やかしでしょ」みたいな態度を取られたら嫌ではありませんか? それと同じです。しかも、それを一番嫌うお客様こそが、サロンにとって最も理想の**「値段ではなく価値で判断する」**お客様なのです。

買わないと決めつけるのはお客様にとっての最大の失礼

買うか買わないか、高いか高くないか、
それはお客様が決めること。

8 すべての結果は、実はあなたがつくり出している

売上を上げるためには集客が大事。それは間違いではありませんが、そこばかりに目を向けてしまう危険性をここまで書いてきました。

▼たったひとりのお客様でもサロンが成り立つ!?

「そうは言っても元々のお客様が少ないのだからどうしようもない」。まだそう思う方もいるでしょう。では、極端な実例をお話しします。私のサロンでは、週に6回のペースで通われるお客様がいらっしゃいました。毎回3～5万円を支払われます。つまり、このお客様おひとりだけで月に約１００万円の売上になります。「たったひとりの来客数で月売上１００万円」。個人規模のサロンならこれだけでも成り立つのではないでしょうか。たったひとりのお客様だけで、です。

▼いきなりひと月で１００万円の売上を上げた話

「いやいや、それは極論だ、そんな人はめったにいない」。たしかにそうです。あくまでこれは極論です。では、もう少し一般的なお話をします。

私が行なった講習で、実際に半数近くのサロンが１００万円以上売上アップした話があります。その中で私はこんな話をしました。「日本で最も売上の高いサロンは月にいくら売り上げるか?」その答えは「私の知る限りで１４００万円」です。これを聞いたほとんどの方は驚くのですが、これまで「自分の売上は30万」「50万行けばうれしい」「１００万なんて夢の夢」と思っていた方は一気に概念が崩れ、売上が上がりはじめます。

売上を上げるのは難しい
売上を上げるのは苦しい
売上なんてなかなか上がらない
売上を上げるのが怖い
売上の限界は○○円ぐらいだ

そう思っている方が多いのですが、実はそう思っているうちはその通りの結果が出ます。行動すれば結果が出るのではなくて、**行動することで「自分の中の常識が変わる」から結果も変わる**、ということなのです。

売上を上げるのは決して難しくも苦しくもありません。まずはあなたの心のブレーキを外しましょう。

心のブレーキを外そう

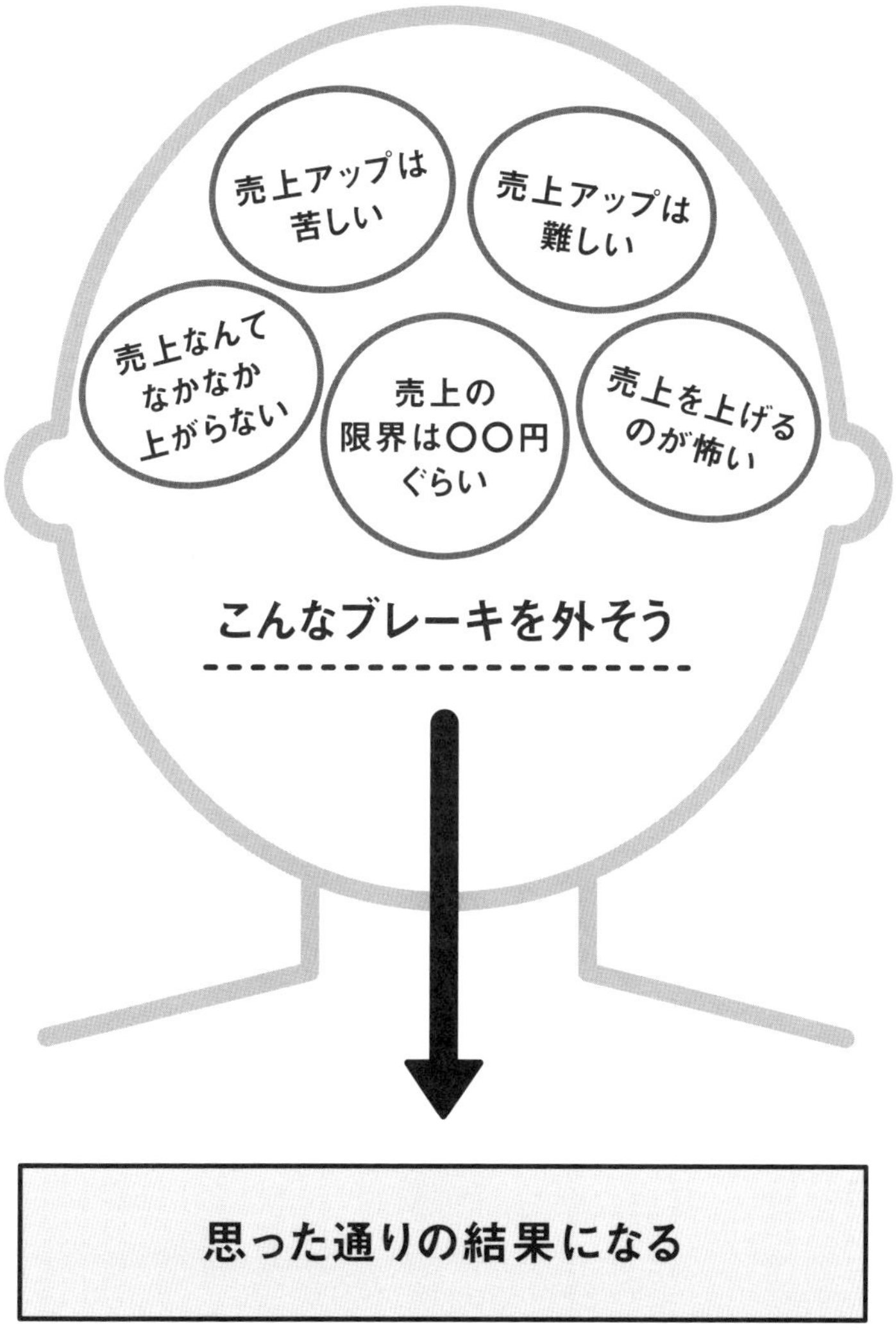
売上アップは苦しい
売上アップは難しい
売上なんてなかなか上がらない
売上の限界は〇〇円ぐらい
売上を上げるのが怖い
こんなブレーキを外そう
思った通りの結果になる

9 高い買い物は自慢したくなる

インスタグラムなどのＳＮＳが流行っています。高級なレストランや海外旅行に行った、時計や車を買ったなど、皆さん素敵な投稿をあげていらっしゃいますが、これ、安いレストランや車ではそうはいかないですよね。「ついに念願の中古車を買いました！」などとはあげないと思います。これがお客様の心理です。

▼安ければ本当に幸せか？

ついつい経営者は、お客様は安いほうが喜ぶと思いがちです。でも、消費者の心理としては、中古車よりもポルシェを買った時のほうが格段にうれしいものです。ほとんどの買い物に関して、**高いものを買った時のほうが満足度が上がるのは確かです。**サロンにおいても同じ。高いメニューを受けた方のほうが喜びも増し、大切に思ってくださる。高いほうがクチコミも増え、クレームやキャンセルが減るというのも不思議な話です。

「でも、高いものを安く買えたらもっと幸せじゃないか」。そう思う方もいることでしょう。はたして本当にそうでしょうか？　例えばポルシェが10万円で買えたら……、一見幸せそうですが、実際に買ってしまうと違う感情が芽生えてきます。「もしかして事故車？」「とても10万円で買ったとは言えない」「どうせ10万円だから」などと、商品そのものを疑ったり、大切に扱わなかったり、人に話すことをためらったりしはじめます。

これはつまり「その商品への満足度や価値が下がってしまった」ということ。安易な安売りがお客様の満足度を下げ、商品やメニューの価値を下げてしまうのです。

▼自慢したい店

お客様は安ければ無意識に安い理由を探そうとし、高ければ高い理由を探そうとする。その結果として、安いものはどんどん悪いところが目につくようになり、高いものはよいところが目立つようになります。

安売りをやめればクレームが減るというのもこの心理からくるものが大きく、誇らしい気持ちや少し自慢したい気持ちは人に話したくなり、クチコミにもつながります。先のＳＮＳがいい例でしょう。できることならば、お客様にとって自慢したい店でありたいものです。

「ポルシェを買いました♪」は言いたくなる

安いものよりも、
高いものやよいものを買った時のほうが、
喜びも増え、価値も上がる。

10

間違った値引き、正しい値引き

では、いかなる場合も値引きはよくないのでしょうか？　そう聞かれると少し答えは変わってきます。サロン経営をする上では「間違った値引き」と「正しい値引き」が存在します。わかりやすく言うと、「マイナスになる値引き」と「プラスになる値引き」とも言えるでしょう。それについてこれから詳しく解説していきます。

▼価値を下げない値引き

先ほどのポルシェを再び例に出すと、車体そのものの値引きは価値を下げてしまい、売上も下がります。では、オプション品の値引きだったらどうでしょう。カーナビやＥＴＣ車載器、装飾品などのオプション、あるいは下取り価格を上げるなど、車体以外のところで割引をする。買う側はお得な気分になりますし、車体自体の価値も下がらず、売上（利益）も保たれます。

カーディーラーでは日常的に行なわれていることですが、これがサロンでも重要なヒントになります。

それでは、サロンにとって車のオプション品にあたるものは何でしょう。例えば、ヘッドマッサージやパックなどのオプションメニュー。また、客単価のもうひとつの要素でもある「物販」もそれにあたります。これら**メインのメニューの付属としてつけられるもの。それをオプションとして値引きしていけばよい**のです。

▼真逆の常識

時々、サロンの方と話をしていると、私とは真逆の考えを持っている方が多いことに気づきます。それは「施術（役務）は値引きしてもよいけど、商品（物販）は値引きしてはいけない」という考え。これがこの業界の常識なのでしょうか。あまりにもそういう考えの方が多いのです。理由を聞いてみると、このように答えます。

「施術には原価がかからないけど、物販は原価がかかるから」……これが曲者です。

一見、施術は身体を使って行なうので原価がかかっていないように見えます。ところが、実は施術にも「人件費」という原価がかかっています。しかも施術は一度にできる数に限りがあり、安くしてしまえばメニューどころか、施術者そのものの価値を下げてしまう。あなた自

値引きしてよいもの、値引きしてはいけないもの

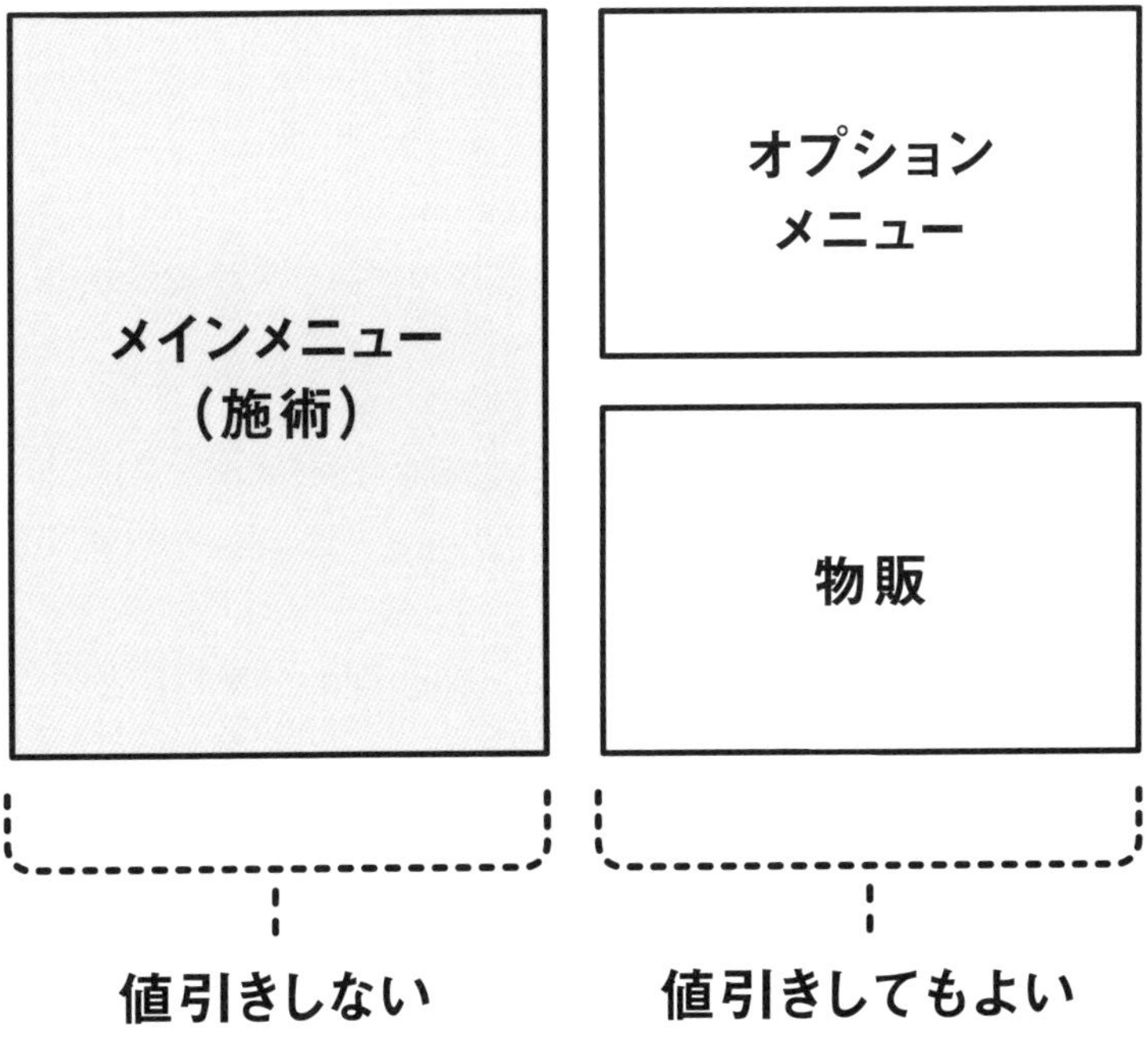

施術には「人件費」という原価がかかっている。

身が10万円のポルシェのようになってしまう危険性もある……ということです。

逆に、物販は仕入れにお金がかかるという目の前のリスクがあるからなのか、あるいはメーカーから「値引きするな」という常識を刷り込まれているからなのか、値引きをしてはダメだと思い込んでいる方が多いようですが、決してそんなことはありません。

もちろん、物販商品をインターネットで販売したり、ウェブサイトで値引き価格を表記したりするのは問題があります。同じ商品を取り扱う他店と競合し価格競争になってしまう恐れがあるからです。

でも、サロン内において販売するだけなら問題はないでしょう。物販は1個売るのも100個売るのも手間は同じ。マイナスにさえならなければ、お得に販売して、少しでも多くの方に買っていただき、喜んでいただこうというのが私の考えです。

▼物販は単なる物販ではない

「物販をオプションとして考える」。これが今までの常識とは少し違う考え方です。よく役務売上と物販売上を分けて考えているサロンも多いですが、私のサロンにはそのような常識はなく、そのほうが売上も客単価も上がりやすくなります。その理由は何なのか。また、物販やオプションのおすすめが苦手だという方も多くいらっしゃいますが、そんな方への解決法はどういったものか。

それらの答えは後の章でたっぷりと紹介しますが、まずは物販をオプションとして考えることから意識改革をはじめていきましょう。

▼プラスになる値引き

オプションメニューとは、メインのメニューにプラスでつけられるもので、それ単体で受けることはできません。車を買っていないのにカーナビやＥＴＣだけを取りつけられないのと同じです。

よく大手脱毛サロンなどで「永久保証」「受け放題」などというのを見かけますが、あれはメインメニュー。つまりお客様が受ければ受けるほど店の利益は減るというものです。それでダメになったサロンも多いですね。

それに対し、**オプションメニューの値引きであれば、メインは値下げしないのでメインメニューの利益は保たれます**。しかも、オプションを値引きしたことでそれを受ける方が増えれば、売上全体で見るとトータルでプラスになるのです。お客様の満足度も上げて。

これが「プラスになる値引き」です。

マイナスの値引きとプラスの値引きを、しっかりと使い分けていきましょう。

売上がプラスになる値引き

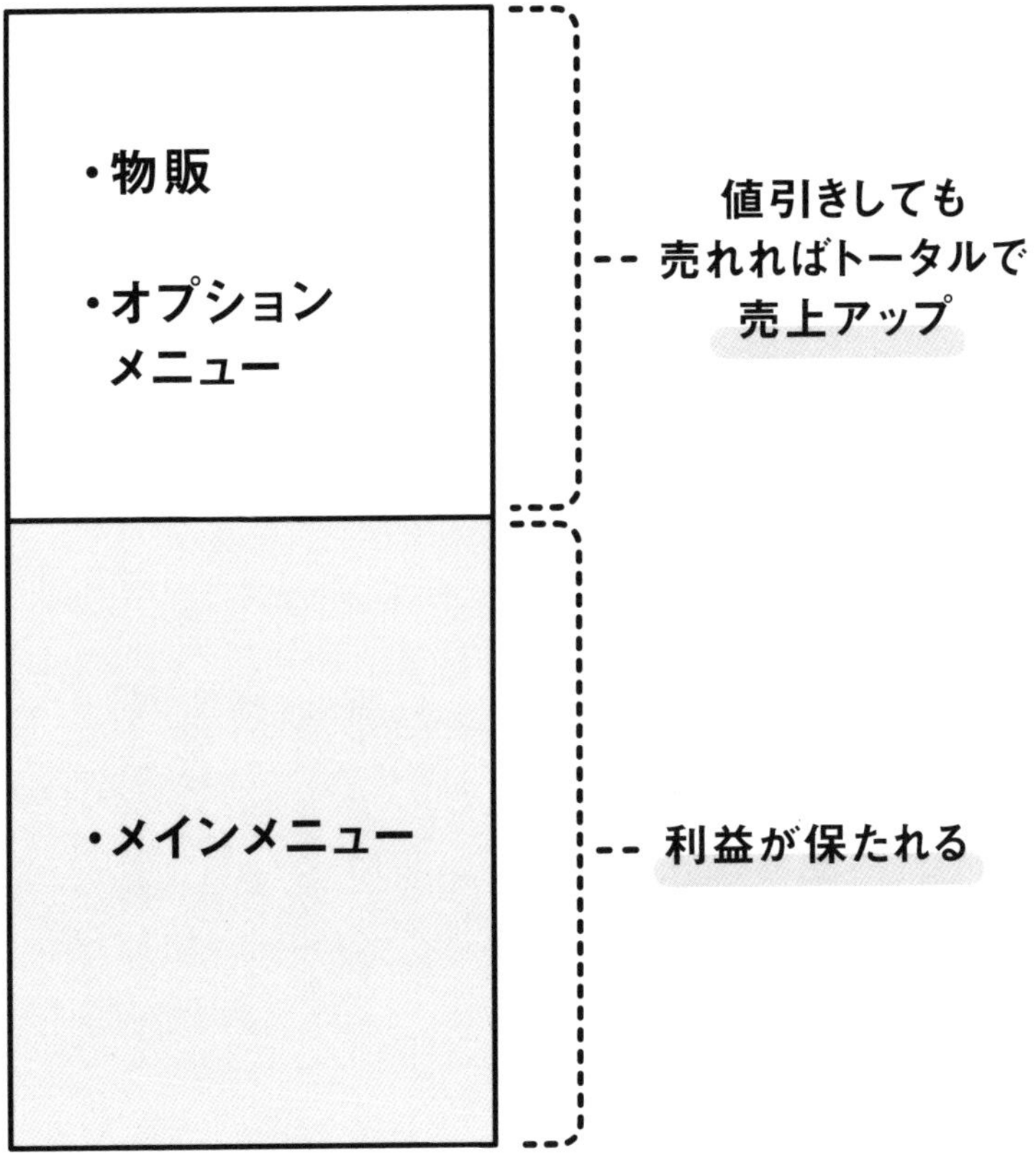

物販と役務を分けて考えるのではなく、
物販は「オプションメニュー」として考える。

11 だからこそ手放してみよう

・集客をしなければ売上は上がらない
・安くしてでも新規客を集めることが大事
・客単価を上げるのは難しい
・経営は苦しい
・がむしゃらに頑張ればうまくいく
・勧誘やおすすめは悪いこと
・安いほうが人は喜ぶ
・施術は原価がかからない

こういった間違った常識が、多くのサロンの売上アップを妨げてきました。「いや、うちはそのやり方でうまくいった」「うちはリーズナブルだからこそ、よいお客様に囲まれている」。そうおっしゃる方もいることでしょう。**経営はバランスです。どれが正解でどれが不正解という答えがあるわけではありません。**薄利多売で何十年も続いているサロン、利益は低いけれど幸せな日々を送っているサロンもあります。私はそういった方々を否定するつもりはありません。

でも恐らく、この書籍を手に取ってくださった多くは、今現在、経営に苦しんでいる方や、もっと発展したいと思っている方、もっともっとお客様に喜んでいただきたいと思っている方でしょう。ならば、これまでの道のりや考え方を疑ってみることも大切です。人は否定されると傷つきます。反発したくなります。頑張って頑張って頑張ってきたからこそ、否定されれば傷つくし手放したくないと思う。これは当然なことです。

だからこそ手放してみましょう。これまでの頑張りがあれば、手放してもきっと見えてくるものがあります。

▼これまでの常識はどこから来たか?

これまでのサロン業界の常識は、その多くが大手サロンのやり方によってつくられてきました。

でも、個人規模のサロンが大手と同じ土俵で戦っても、資金面、知名度、教育制度、あらゆる点で勝ち目はありません。だから、大手のつくり上げた常識の上に乗るのではなく、個人店だからこその魅力とやり方を見つけていくことが大事です。その答えは「あなた自身」。

それを極めていく方法を次の章から書いていきます。

「これまでの常識」が売上アップを妨げてきた

これまでの常識を手放すことで
見えてくるものがある。

4章

熱狂的なファンを育て上げる

1 当たり前の奇跡に感謝

本章では、個人規模の小さなサロンが発展していくために、「お客様に熱狂的なファンになっていただく」方法と、その大切さについて書いていきます。前章で書いた、月に100万円使われるようなお客様や、週に6回通われるようなお客様。それは極端ですが、週に2回のペースで通われる方が9名いらっしゃれば、個人のサロンであれば十分にまわります。そのような**熱狂的なファンの方をひとり、またひとりと増やしていくことが、サロンを発展させる最も近道な方法**なのです。

▼なぜうまくいかないのか

ところで、サロンが発展し、うまくいくようになるには、うまくいっていないサロンや衰退していっているサロンを見てみるとヒントが見つかることも多いものです。

意外にサロンを開業して苦戦する方に多いのが、「以前、人気サロンに勤めていた方」や「はじめから順調にいっていた方」だったりします。

この両者に共通していること、それは「お客様が来店するのは当たり前」と考えてしまっているということ。人気サロンは常に予約が埋まっている状態。お客様がいて当たり前。そうなってくると、そこに至るまでの苦労や陰の努力が見えなくなってしまうのです。

▼当たり前ではない

実際には、お客様がサロンに来店されるまでには、いったいどれだけの行程を経ているでしょうか。

・数百もの中から奇跡的にあなたのサロンを見つける
・あなたのサロンに興味を持つ
・チラシやホームページを見てみようと決断する
・メニューや金額を吟味し、他店と比較する
・行こうかどうか、何度も何度も迷う
・やっとの思いで行こうと決心する
・予約の空いている日を、自身の予定と照らし合わせる
・個人情報を入力し、申し込みをする
・足を運んでサロンまでたどり着く

実際はもっと多くの行程や葛藤があります。その中であなたのサロンを選んで来てくださる。これは「奇跡」なのです。そこにどれだけ感謝できるかが大切です。

お客様が来店されるのは奇跡である

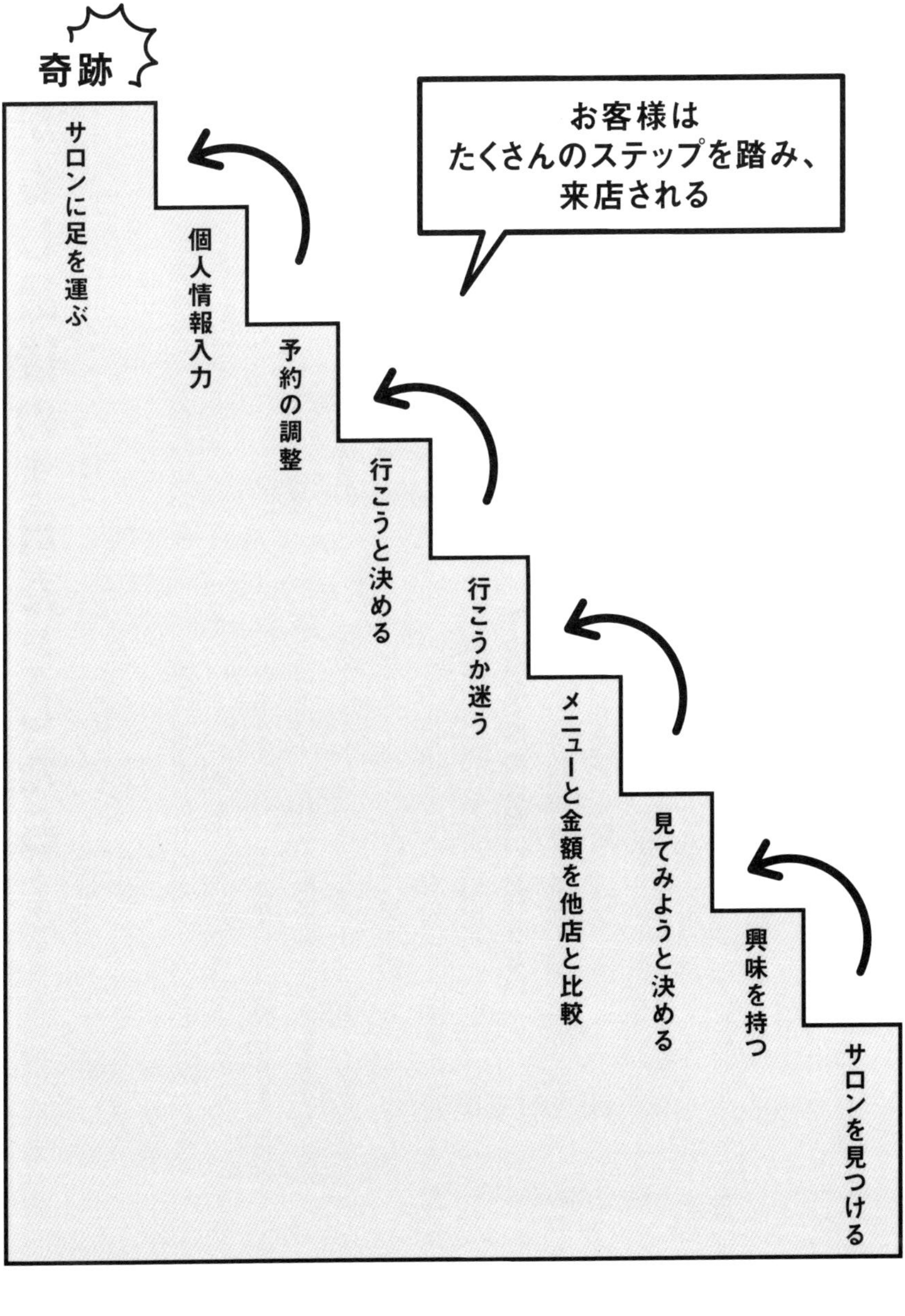

2 今日がもし最後の1日だとしたら……

来店してくださること自体が奇跡なら、お客様への思いやサービスの質も変わってくることでしょう。

・チラシを何枚配ったら何名集客できた

・ポータルサイトに掲載したら何名から予約があった

そこに焦点を合わせるのではなく、**「お客様の背景」**に焦点を合わせること。お客様が、これだけの思いで来てくださった。それが痛感できるようになれば、今まで以上にお客様を大切に思えるはずです。**集客できたらゴールではない。来店されてからがスタートなのです。**

▼毎回が最後の1回

私のサロンの接客と施術を担っている妻が、毎回のように口にする言葉があります。それは、「もしかしたら今日が最後になってしまうかもしれないという思いで接する」ということ。当店では9割以上のお客様が回数券で通われているため、ほぼ次の来店は約束されています。でも、それは絶対ではない。もしかしたら、何らかの粗相があったり、他によい店が見つかったり、他の理由で来店されなくなってしまう可能性もあります。

実際、絶対に忘れられない悲しい経験として、いつも通われていたお客様が突如ご病気で亡くなってしまったことがありました。深い悲しみに襲われましたが、ご家族の言葉に、どれほど救われたかわかりません。

「彼女は本当に、いつもサロンに通うのを楽しみにしていたんですよ。これまでありがとうございました」

今日が最後かもしれない。もしもその気持ちで臨んでいなかったら、一生悔いが残っていたことでしょう。

▼全力で臨めば悔いも残らない

このような事例は特殊かもしれませんが、日々の日常においても同じことです。私のサロンはリピート率98％。ほぼ全員の方がリピートしてくださいますが、もしもリピートしていただけなかったとしても悔いは残りません。なぜなら、毎回、全力で最高のサービスを提供しているという自負があるから。

恐らく悔いが残るとしたら、リピートしていただけなかったことよりも、満足していただけるサービスができなかった自分に対してだと思います。

集客がゴールではない。来店されてからがスタート

「今日が最後だとしても悔いが残らないように」。
毎日がそんな真剣勝負だからこそ、
お客様はずっと通ってくださる。

3

「あなたに会えてよかった」と言われるために

お客様からいただける褒め言葉は数あれど、私たちにとって最高の褒め言葉は「あなたに会えてよかった」「あなたでなければだめ」という言葉ではないでしょうか。

▼それでは満足しかしない

当然のことながら、他の店と同じようなサービス、技術、カウンセリングでは、なかなかそこまでは思っていただけません。つまり、マニュアル通りの型にはまったサービスでは難しいということ。**枠を飛び越え、お客様自身も気づいていなかったお悩みや喜びを見つけて提供することにより、お客様の気持ちは動く**のです。

お客様が望んでいること（ニーズ）を満たすだけでは、お客様は満足しかされません。お客様が想像もしていなかったような一歩先のサービスを提供すること。そこに驚きと感動が生まれます。もちろん満足は大事です。満足されなければその次はありません。しかし、満足だけで終わってしまうサロンがほとんどなのです。

▼満足と感動は、ほんの少しの差

とはいえ大げさに考えることはありません。例えば、これは私が実際に体験した話です。飛行機に乗った際、喉が痛かったのでCAさんに喉飴をお願いしました。ここで喉飴が出てくれれば満足。それで私の望みは満たされ何の不満も生まれません。ところがそのCAさん、一緒にマスクを持ってきてくださったのです。ここで少し感動。予想を超えたサービスです。そしてさらに1時間後。目的地に到着して降りようとした私に、そのCAさんは別れ際、「お風邪、お大事になさってくださいませ」と声をかけてくださったのです。コストも手間もほとんどかかっていません。ところが、想像を超えたサービスと、覚えていてくれたという喜びによって、深い感動へと変わっていったのです。

また、もうひとつ大事なことをお伝えします。気持ちと気持ちは鏡のようなものです。まずは自分からお客様に対して、「あなたに会えてよかった」と心の底から思うこと。そうすることによってその気持ちが表情やしぐさ、言葉や手から伝わり、お客様も「あなたに会えてよかった」と思ってくださるようになるのです。

満足だけで終わらせてはいけない

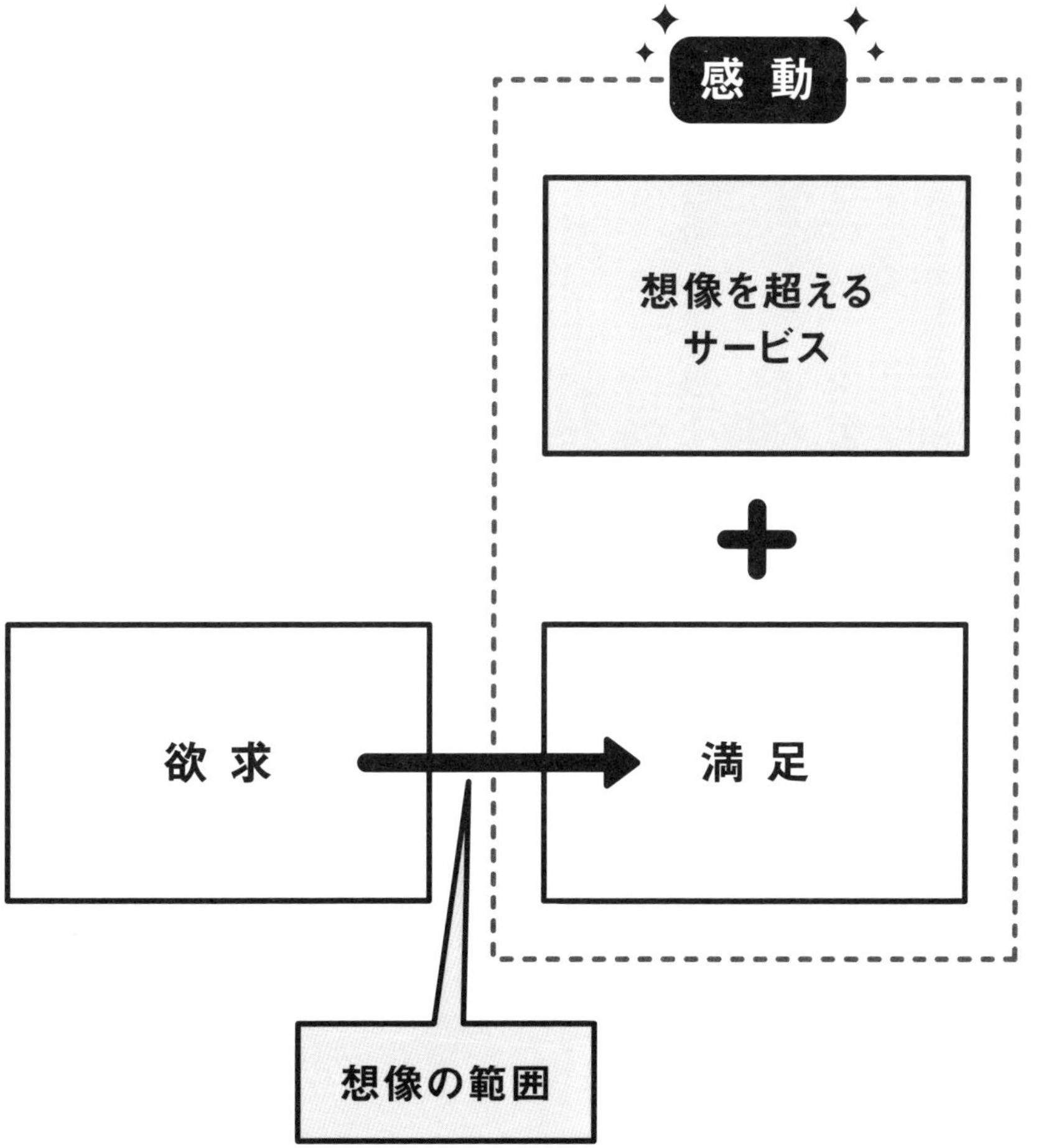

お客様の望みを満たすだけでは満足しかしない。
満足と感動は、ほんの少しの差である。

4

「ひとりではできないこと」の真実

本書をお読みの方には、ひとりでサロンを経営されている方も多いでしょう。様々な思いがあると思います。

・ひとりのほうが気楽でいいという方
・将来に不安を感じている方

・人（スタッフ）を育てるのが嫌だという方

・育ててもなかなかうまくいかないという方

・もう少し売上が上がったら人を雇おうと思っている方

状況は様々でしょうが、さらにお客様にファンになっていただき発展させていくために、私はスタッフを雇い育てることを推奨しています。なぜなら、**ひとりでやれることには限界があり、できないことも多い**からです。

▼仲間によって救われた

予約が増えすぎて日々の業務が対処しきれなくなることはもちろん、思いがけないケガや病気、妊娠、出産、育児など、最悪の場合、店を閉めなくてはならない危機もあります。実際、私のサロンでも妻の妊娠・出産の時期は、スタッフによって救われてきました。仲間がいることによって助けられることはとても多いのです。

しかし、本当の意味での「ひとりではできないこと」とは、そういう実務的なことではありません。それは**「あなたのよさを見つけ、そのよさを伝えること」**。

自分の魅力を自分で見つけることは容易ではありません。仮に見つけられたとしても、自分の口でそれを他人に伝えていくのは至難の業でしょう。照れくさくて言えなかったり、遠慮してしまったり、わざとらしくなってしまったり。他人の目で見て、他人の口で言葉にするからこそ伝わることも多いのです。

▼本当のあなたの魅力を知る人

スタッフや仲間がいるならば、お互いに分かち合うこと。スタッフがいない、もしくは雇う気がないなら無理をすることはありません。まずはしっかりと「ひとりではできないことがある」ことを理解し、認めること。

そうすることで見えてくるものがあります。あなたの本当のよさを知っているのは誰か？　それは紛れもなくサロンに通ってくださるお客様。あなたの熱狂的なファンになろうとしている人だということ。

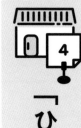

身体的にも精神的にも支えてくれる存在

仲間がいることによって救われることの大事さは
計り知れない。

5 昨日よりも今日、今日よりも明日

個人サロンの方にいきなりスタッフの雇用の話をしたら、面食らう方もいらっしゃることでしょう。戸惑う方もいらっしゃることと思います。でも私は、経営・発展とは「形を変えていくこと」なのだと思っています。

▼変わらない店、変わる店

あるリラクゼーションサロンがありました。開業10周年。まだ開業したてだった当時の私にとってそれは衝撃的で、羨望のまなざしで見つめていたことを覚えています。それから10年。実際に私のサロンも10周年を迎えてみて当時を振り返ると、また違った感情が生まれてきます。もちろん10年続くことはすごいことですし、そこまで維持し続けてきたことは尊敬に値します。でも、同じ10年サロンを続けるならば、私だったらもっと劇的に発展していたい。そう思ったのも本音です。

当然、それは個人個人の考え方ですし、現状維持を美しいことだと考える方もいらっしゃることでしょう。それを否定するつもりはありません。素晴らしいことだと思います。でも恐ろしいことに、私が抱いた感情、それはイコール「そこに通うお客様の感情」でもあるのです。

お客様の立場に立ってみて、**何年もずっと同じ店と、常に進化発展していく店、どちらに魅力を感じるでしょう**。どちらにワクワク感を感じるでしょう。私だったら後者です。「一緒に成長してきた」「意識の高い店」「自慢できる店」。そのように思ってくださる方も多いと思います。もちろん、ずっと変わらない平凡な店がいいというお客様もいらっしゃいます。でも、サロンにとって理想的なのはどちらのお客様なのか、どちらが熱狂的なファンになってくださるのか？　このあたりは5章でも詳しく書いていきますが、常に新しさを求め、ワクワク感を求めるお客様のほうが、サロンの熱狂的なファンになってくださりやすいというのも事実なのです。

▼明日は昨日の延長ではない

人は、変わることを恐れる生き物です。様々な「変わらなくていい理由」が頭の中で右往左往するでしょう。でも安心してください。それは昨日までの話。今日この瞬間から明日という日ははじまっていくのです。

進化していくサロンにワクワクする

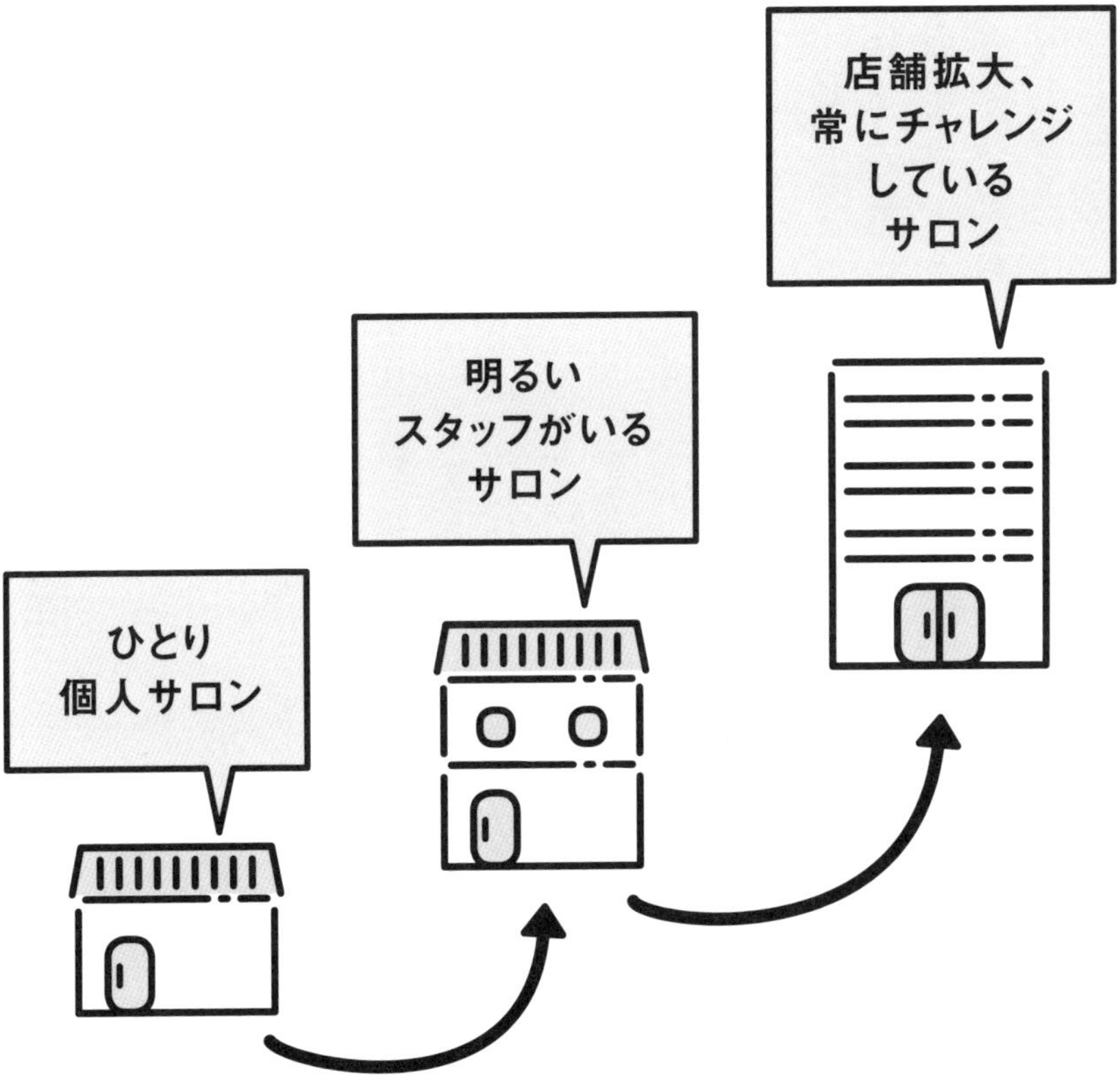

サロンが発展し、
形を変えていくことはお客様の喜びでもある。

6

プロとしての信頼関係

お客様に熱狂的なファンになっていただくための第一歩として、しっかりと信頼関係を築くことが大切です。信頼とは**「信じて頼られること」**。単なる信用ではありません。「この人だったら任せられる」と、頼られる関係でなければなりません。ただのいい人。何でも聞いてくれる人。こういった人は、信用はできるかもしれませんが頼るには心もとない気がします。「私に任せてくれれば大丈夫」「絶対に幸せにしてみせる」。そんな強い気持ちを持ってリードしていくことが大事です。

▼信頼とは未来を見せること

また、信用というのはあなたの「過去や現在」の経歴や実績などによって得られるものですが、**頼るという行為は過去や現在ではなく「未来」に向けられる**ものです。どんなに過去の実績があったとしても、しっかりとした未来を見せてあげられなければ信頼は得られません。

「ああ、この人に任せれば私はこんなふうに幸せになっていくんだ」。そんな未来が見えれば、お客様はあなたを信頼してくださるようになります。そしてその信頼に全力で応える。その積み重ねによって、お客様はより一層あなたのファンになってくださいます。

キーワードは未来。常に未来を見せ、未来へと向かっていくことで、深い関係性が築かれていくのです。

▼信頼関係の先にあるもの

信頼関係が深まると、さらにお客様が心を開かれ、会話の質が変わってくるのに気づくはずです。それまでは頭で考えて言葉にしていたものが、「心の言葉」に変わってくるのです。その中に、**お客様の本当に望んでいるもの、お客様自身も気づいていない願望が隠されています**。頑なにフェイシャルしかやらなかったお客様が「でも本当は少し痩せたいかな」と思いはじめる。そういった望みを拾い上げ解決することにより、お客様はさらに強く絶対的な信頼を寄せてくださるようになり、サロンにとっても別メニューや商品の販売へとつながることで、来店頻度や客単価も上がっていきます。

お客様の望みは常に変わります。それを敏感に察知して、常に新しい理想的な未来を見せていきましょう。

信頼関係があってはじめて「熱狂的なファン」になる

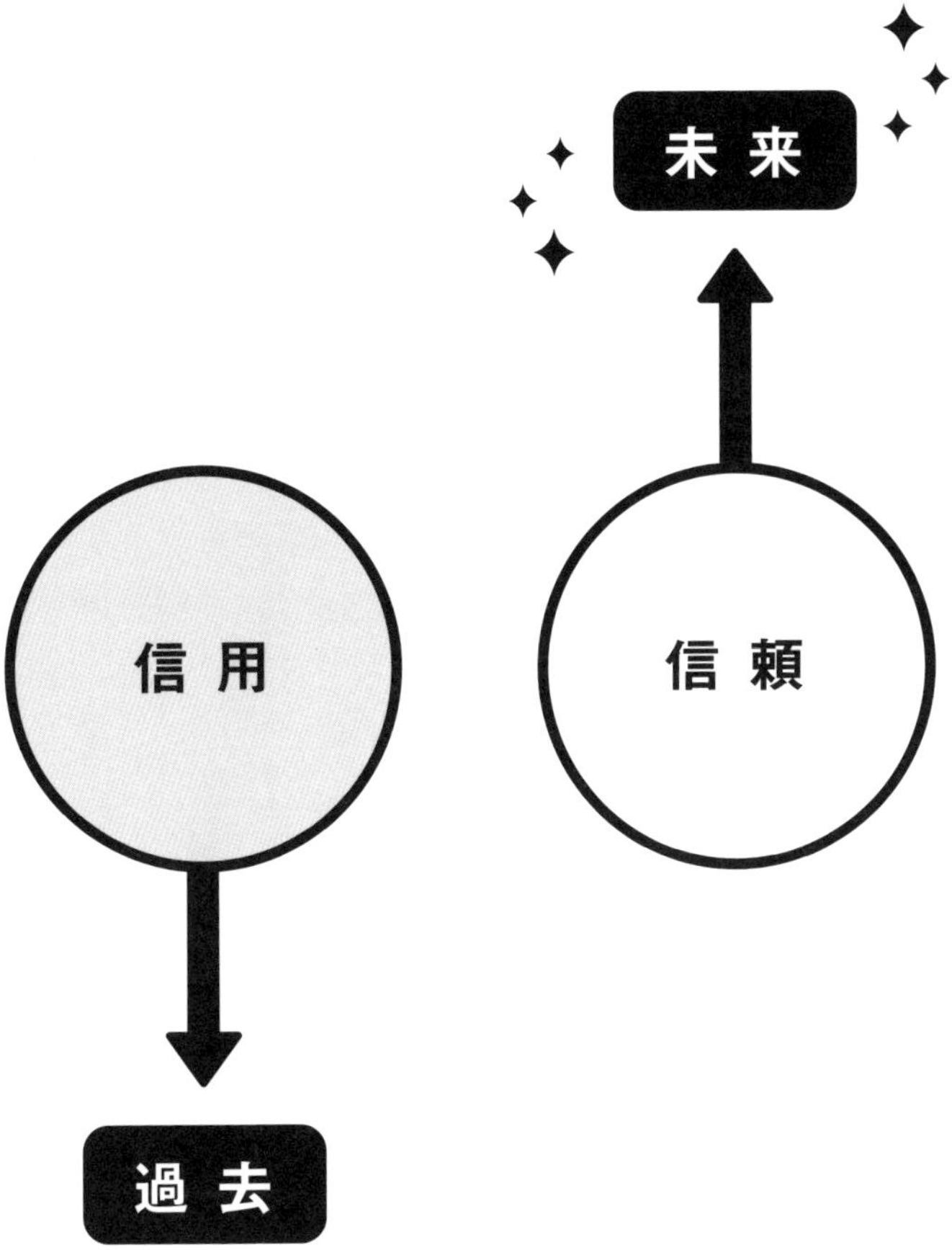

信頼していただくためには、
お客様に未来を見せることが大切。

7 突然ダイヤモンドを贈ってみよう

▼今のままでは失敗する

ここで少しショッキングな話をします。

恐らく、この本をここまで読んで実践したとしても、半数以上の人は失敗するでしょう。お客様との信頼関係を築いても、きっとうまくいかなくなるはずです。それはいったいなぜか?

信頼関係が築けたことで安心してしまうからです。

私の開催する講習に訪れる人の、実に75%もの方が新規集客に悩んでいます。その原因は、そういう方の多くが、常連様よりも新規客を大切にしているからです。

「そんなことはない。私は常連様を大切にしている」とおっしゃる方もいることでしょう。でもホームページを見ると、新規客ばかり割引している。常連様よりも新規の予約を優先させてしまっている。常連様への施術の手を止めて電話に出てしまっている……。

ついつい安心してしまうのです。「常連様は気心が知れているからわかってくれる」。信頼関係が深まれば深まるほど融通が利くと思ってしまう。別にそれがクレームになるわけではありません。でも、そのちょっとしたことの積み重ねが、本来もっと熱狂的なファンになってくださるはずの方を阻み、徐々に店から遠ざけてしまう。

▼釣った魚にこそエサを

釣った魚にエサはあげない。そんな言葉がありますが、エサをあげなければ魚は死んでしまいます。エサをあげれば活き活きとした魚に育ち、卵を産むことだってあります。いつまでもキャッチ&リリースを続けるよりも、釣った魚にこそ豪華なエサをあげるべきなのです。

恋人関係や夫婦関係の倦怠期と同じ。時には記念日にダイヤモンドを贈ってみる。そんなサプライズを常連様にもしてみてはいかがでしょうか。大事なのは**「あなたのことをいつも思っています」**、そして**「突然驚かせてワクワクしていただこう」**という気持ち。そういった気持ちで日々接することにより、お客様はさらに深くあなたのファンになってくださるのです。

些細なものでもいい。最高に心のこもったダイヤモンドを見つけてみましょう。

常連様を本当の意味で大切にしていますか？

釣った魚にエサをあげなければ死んでしまう。
お客様にも最高のワクワクを与え続けることが大事。

8 「えっ！　私だけ!?」

　お客様にサプライズを贈る時、できればお客様ごとに贈るものを変え、特定のお客様だけに贈るようにするとよいでしょう。これについては私の著書『最新版　お客様がずっと通いたくなる小さなサロンのつくり方』に詳しく書いてありますが、一定期間にお支払いになった金額によってサービスを変えていくということです。

▼平等と公平と均等

　悪い言い方をすれば、「えこひいき」するということ。「すべてのお客様に平等のサービスをするのが常識」と思っている方には衝撃かもしれませんが、熱狂的なファンづくりにはここが最も肝になる部分なので、あえて本書でも書かせていただきます。

　月に1万円支払われる方と月に20万円支払われる方。同じサービスしか提供しないほうが不平等だと思いませんか？　20万円支払われる方には20倍のサービスを提供してこそ平等なのではないかと私は思います。実際、私のサロンも開業当初は均等のサービスを行なっていたのですが、思い切ってサービスの質を変えてから劇的に経営状態がよくなり、良質なお客様も増え、熱狂的なファンになってくださる方も増えてきたのです。

▼特別感は特別な方に

　例えば、お客様にダイヤモンドを贈るという話も、全員のお客様にやっていたら恐らく店はつぶれます。私のサロンでは特定のお客様だけに「専用のお着替え」や「専用スリッパ」などをご用意していますが、コストはそれほどかからないものの、置く場所や管理する手間などを考えると全員の方に行なうのはとても無理な話です。特別なお客様だけだからこそ高い水準が保てるのです。

　コストや手間の面以外でもメリットがあります。それが、「えっ！　私だけ!?」という特別感。**特別扱いされれば当然うれしいですし、記憶にも残りやすくなります。**「ずっとこの店に通おう」と思っていただけるようになる。それを裏づけるように、私のサロンではこの「特別な層」のお客様こそが店を離れることなくずっと通い続けてくださっています。そして、これによってさらなる副産物も生まれました。それは次項でお読みください。

「えこひいき」して特別感を感じてもらう

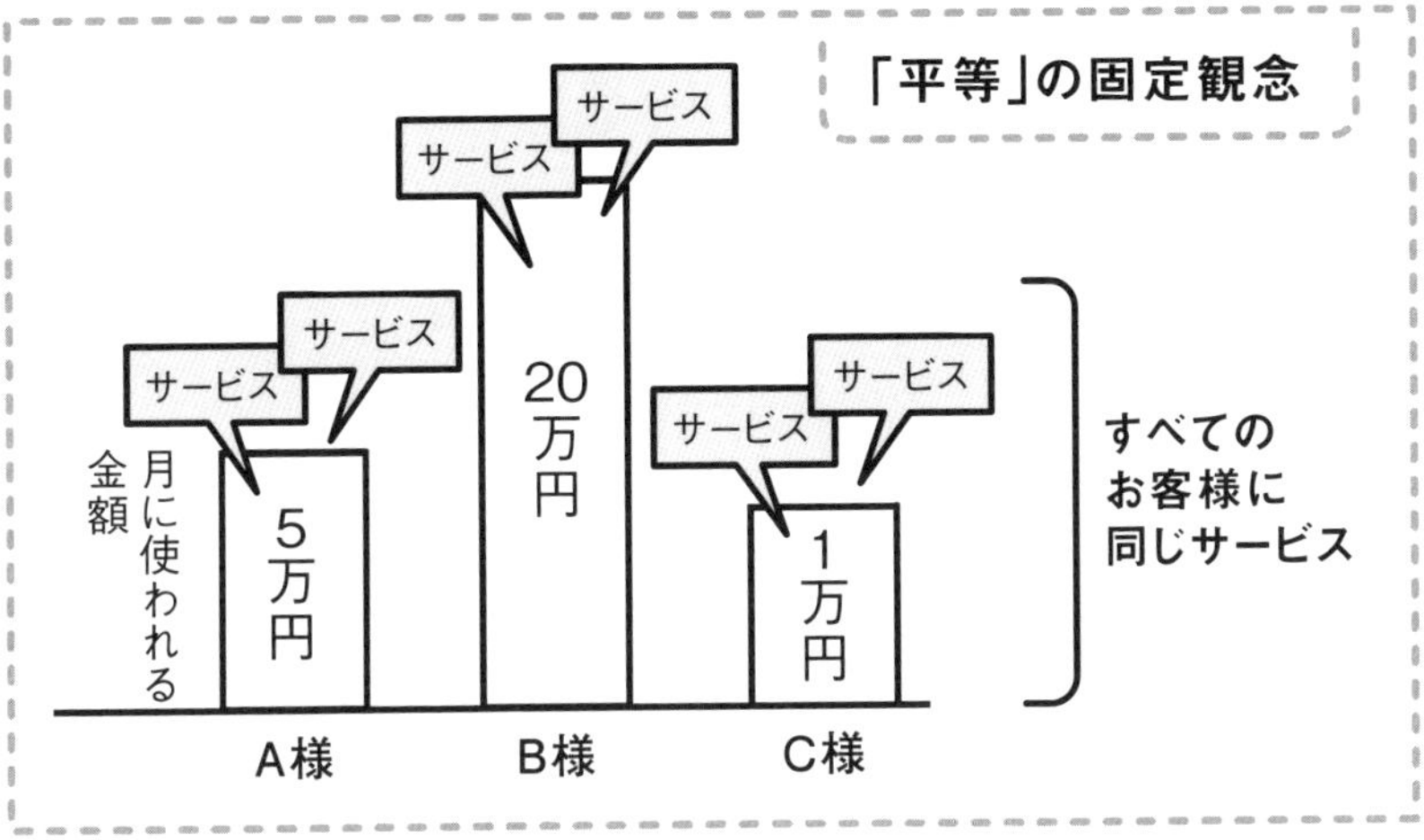

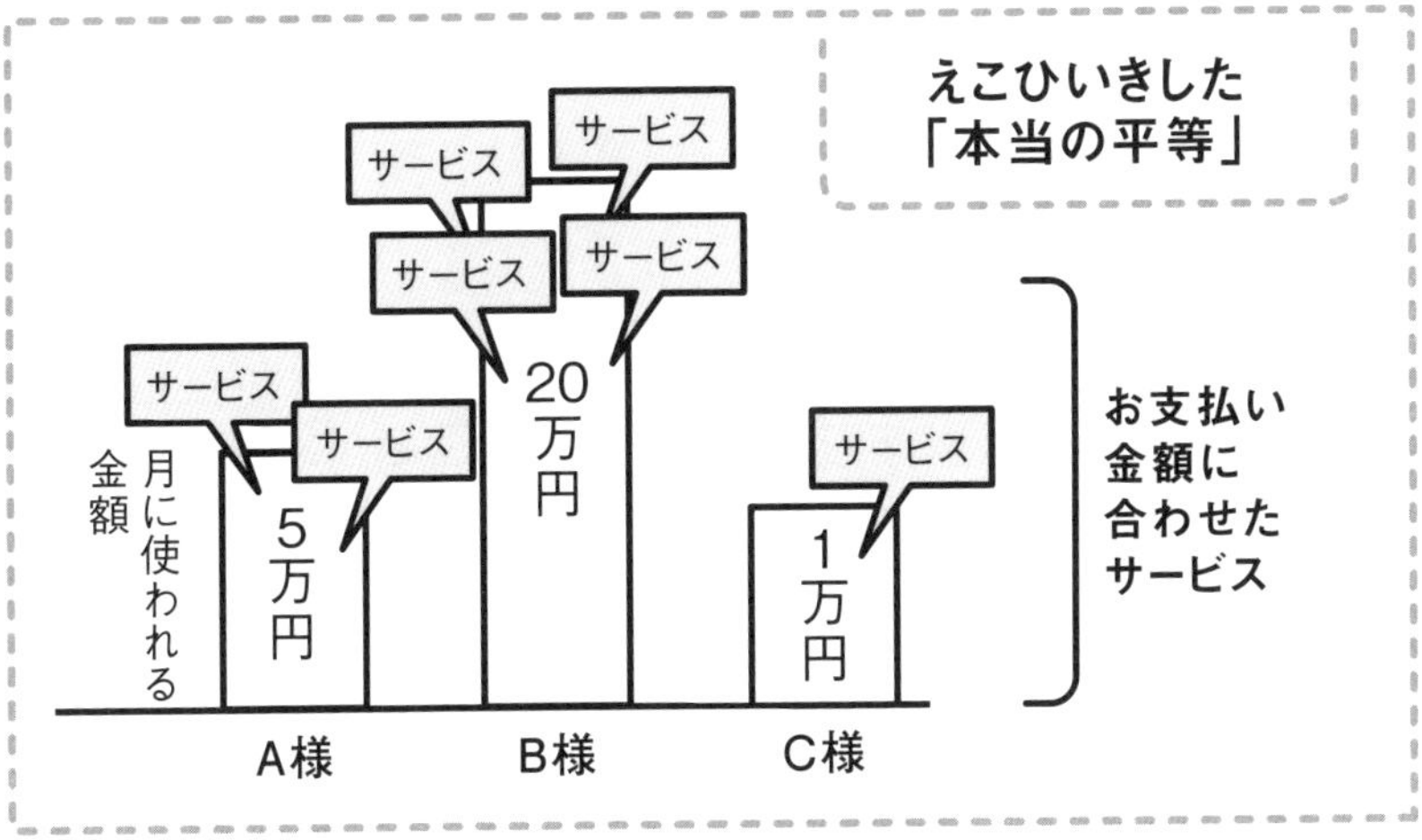

すべての人が大切なお客様だが、
サービスの質を変えることが本当の平等。

9「自慢したい気持ち」が呼び寄せる効果

えこひいきをすることによって、その方がより一層熱狂的なファンになってくださり、何年も長く通ってくださるようになる。これだけでも十分にメリットですが、もうひとつ、思ってもいなかったうれしい効果が現われました。それが「クチコミ」です。

▼クチコミが起こるタイミングとは

そもそもクチコミやご紹介というのは、どのような時に起こるのでしょう。

「お友達を紹介してください」とお願いした時。これも正解ですが、間違った紹介につながってしまうこともあります。紹介者に特典をつけることで、あまり望まないお客様を集めてしまうことにもなるのです。

ではそれ以外で、クチコミや紹介が起こる時とは？

実は、最もクチコミをしてくださるのは常連様ではなく、意外にも「新規のお客様」だという統計があります。あなた自身もそうではないでしょうか。新しいお店に行った時、思わず「この間初めてあの店に行ってきたわよ」と家族や友達に話す。これがクチコミです。ところが、その店が気に入って何度も通うようになると、通うことが当たり前になるのであまり人には話さなくなる。なぜなら、当たり前の日常のことを友人や家族に話してもつまらないじゃないですか。だから常連になればなるほどクチコミは減っていく傾向があります。

▼本当にほしいお客様が集まるクチコミ

でも店にとってみれば、本当にクチコミをしてほしいのは常連様やお得意様のはずです。サロンの大ファンの方にクチコミをしていただいたほうが理想のお客様が集まりやすいのです。ではいったいどうすればいいのか。

ここで気づいたことがあると思います。「人は当たり前のことは人に話さない」。だったら、当たり前ではないことをすればいい。**サプライズや特別扱い。自分だけが受けられる裏メニュー。そんなサービスを受けたら、思わず誰かに話したくなるのではないでしょうか。**誇りに思えるサロン。自慢したいサロン。そういった気持ちが、さらなる熱狂的なファンになり得るお客様を、自然に集めてくださるのです。

クチコミが起こるタイミング

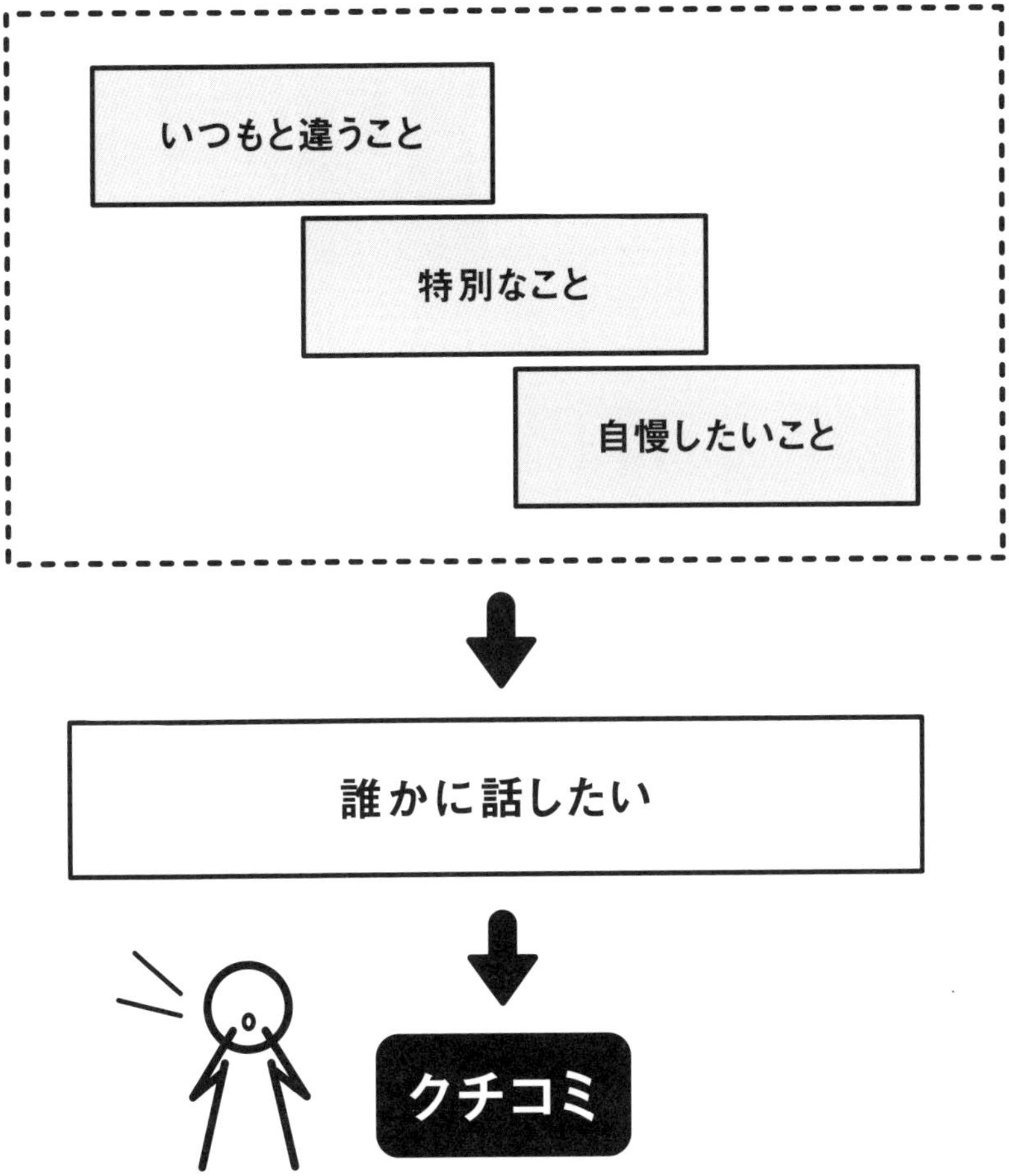

お客様に特別な体験をしていただくことが
クチコミにつながる。

10 なくてはならない存在であるために

サロンにとって理想のお客様、熱狂的なファンになってくださるお客様には、ある特徴があります。そこを理解するとさらに理想のお客様が集まってくださりやすくなるので、それについてもお話しておきましょう。

▼理想のお客様は孤独

私のサロンの常連様もそうですが、美意識も高く客単価の高いお客様には、管理職の方や経営者の方、教育者の方などが増えます。いわゆる「人の上に立つ立場」の方です。当然、そのような方は高収入の方が多く、人に見られる立場でもあることから、美に対して意識を高く持たれているのでしょう。

そして、そういった方々にはもうひとつの特徴があり、それが「孤独」だということです。

この書籍を読んでいる方も経営者やオーナーの方が多いのでおわかりになることでしょう。人の上に立つ立場になると、精神的に孤独になっていきます。

・不満や愚痴、不安をぶつける相手がいない
・なかなか弱音を吐くこともできない
・常に選択の岐路に立たされている
・最終的に自分で決断しなければならない
・失敗しても自分で責任を取らなければならない

そんな孤独な葛藤の中で戦っているのです。

▼陰で支えるメンター

よく、大企業の経営者の方には「メンターがいる」という話を聞きます。メンターとは「よき指導者」「優れた助言者」「恩師」というような意味ですが、大企業のトップでもそういった存在が必要だということ。むしろトップだからこそ必要だと言えるのでしょう。

だからあなたが、その存在になればいいのです。「ただ痩せさせるだけ」「ただきれいにするだけ」ではなく、**お客様の心を支えるメンターのような存在**。お客様の内面を深く理解できる存在。それを意識し、信頼関係ができれば、お客様にとってあなたは「なくてはならない存在」になることでしょう。

私たちは施術者として輝いていながらも、それ以上にお客様を輝かせることが大切なのです。

お客様のメンターになる

理想のお客様ほど孤独である。
それを陰で支えるメンターであることが重要。

11 前に進み続けること

▼サロンはお客様によって成り立っている

お客様との出会いに感謝し、心から大切に思い、未来を見せることで信頼関係を築き、特別なサービスを提供する。一見地味で地道な作業ですが、この中にこそサロン経営の最も重要な要素がすべて詰まっていると私は考えます。熱狂的なファンをコツコツと増やしていくことで予約も埋まり、客単価も上がり、クチコミにつながる。さらには、この後の章でお話するすべての内容がうまくいきやすくなることでしょう。

サロンは、店は、商売は、すべて「お客様」によって成り立っています。あれこれ戦略を立てて店をいじくりまわす前に、まずはお客様と共に成長し、お客様の質を高めること。理想的なお客様を増やすこと。そこに力を費やすことこそが発展・繁栄への近道となるのです。

自分のサロンにとってどのようなお客様が理想のお客様なのか。それをもっと理論的・統計的に知りたい方は、私のサロンに最も影響を与えた書籍、高田靖久氏の『1回きりのお客様」を「100回客」に育てなさい！』（同文舘出版）という本を読まれるとよいでしょう。

サロンはお客様によって成り立っている。どんなサロンも、よいお客様がいなければ発展していかないのです。

▼成長の先に見えるもの

お客様と共に成長する。簡単に書きましたが、実はここが一番難しいところです。サロンが発展し続けるということは、成長し続けるということ。歩みを止めれば成長は止まります。止まれば流れに取り残され衰退していく。「もう大丈夫だろう」と安心して歩みをやめたがために、気づかないところからじわじわと顧客離れが進み、つぶれてしまったサロンを私はいくつも見てきました。

少し怖いことを書きましたが、心配はありません。成長し続けることは苦しいことでも何でもないからです。むしろ、成長すること、前に進み続けることは楽しいこと。私自身もこの11年で、自分でも驚くほどの成長をしました。開業当初とは別人と言ってもいいほどです。

成長の先にあるもの。それは未知なる輝きに満ちたワクワクです。さあ、楽しみながら前に進みましょう！

成長したからこそ見える景色がある

成長の先にあるのは
未知なる輝きに満ちたワクワク。

5 章

ずっと、さらにずっと通っていただくには

1 回数券が続かない原因

本書で言う「常連様」とは、単なるリピーターとは少し意味合いが違います。3回、10回、半年、1年などではなく、100回以上、10年以上通い続けてくださるお客様のことを言います。

▼10回まではつながるのに

ある程度カウンセリング力や営業力のあるサロンになると、「回数券の購入やコースの契約にはつながるけど、その後が続かない」という声をよく聞きます。

痩身やフェイシャルのメニューに多いのですが、初回のカウンセリングで10回券や10回コースは購入してくださるのに、その10回が終わったところで卒業していってしまうお客様がほとんどだと言うのです。その原因は何なのか？　実は、どのサロンも共通して同じ間違いを犯してしまっています。それは**「お客様のニーズばかりに応えようとしていること」**。

痩身メニューなら痩せさせることばかりに、フェイシャルメニューならお肌をきれいにすることばかりに力を注ぐ。当然それがお客様の目的なので満足はされます。でも、4章に書いた通り、それでは満足しかされないということです。だからお客様もひたすら痩せることや美肌になることだけに意識を傾ける。その結果、望み通りの結果が出ればそこで終了。通わなくなってしまうということになります。

▼本当の意味での常連様

大事なのは、痩せることや美肌になること「以上の」喜びを見つけていただくこと。お客様自身も気づいていない本当の心の奥の望みを引き出し、満たしていくこと。

あなたのお客様の本当の望みをまずは見つけてください。見つけられるでしょうか。ただの満足ではなく、満足より一歩先の「感動」を与えていくこと。そこに全神経を注ぐことで、お客様はあなたのサロンに通うこと自体に価値を感じてくださるようになるのです。

1回きりはもちろんのこと、10回きりや1年限りでもない。50回、100回、5年、10年。さらに長く一生通い続けてくださるお客様。それこそが本書で言う「本当の意味での常連様」なのです。

「本当の意味での常連様」をつくろう

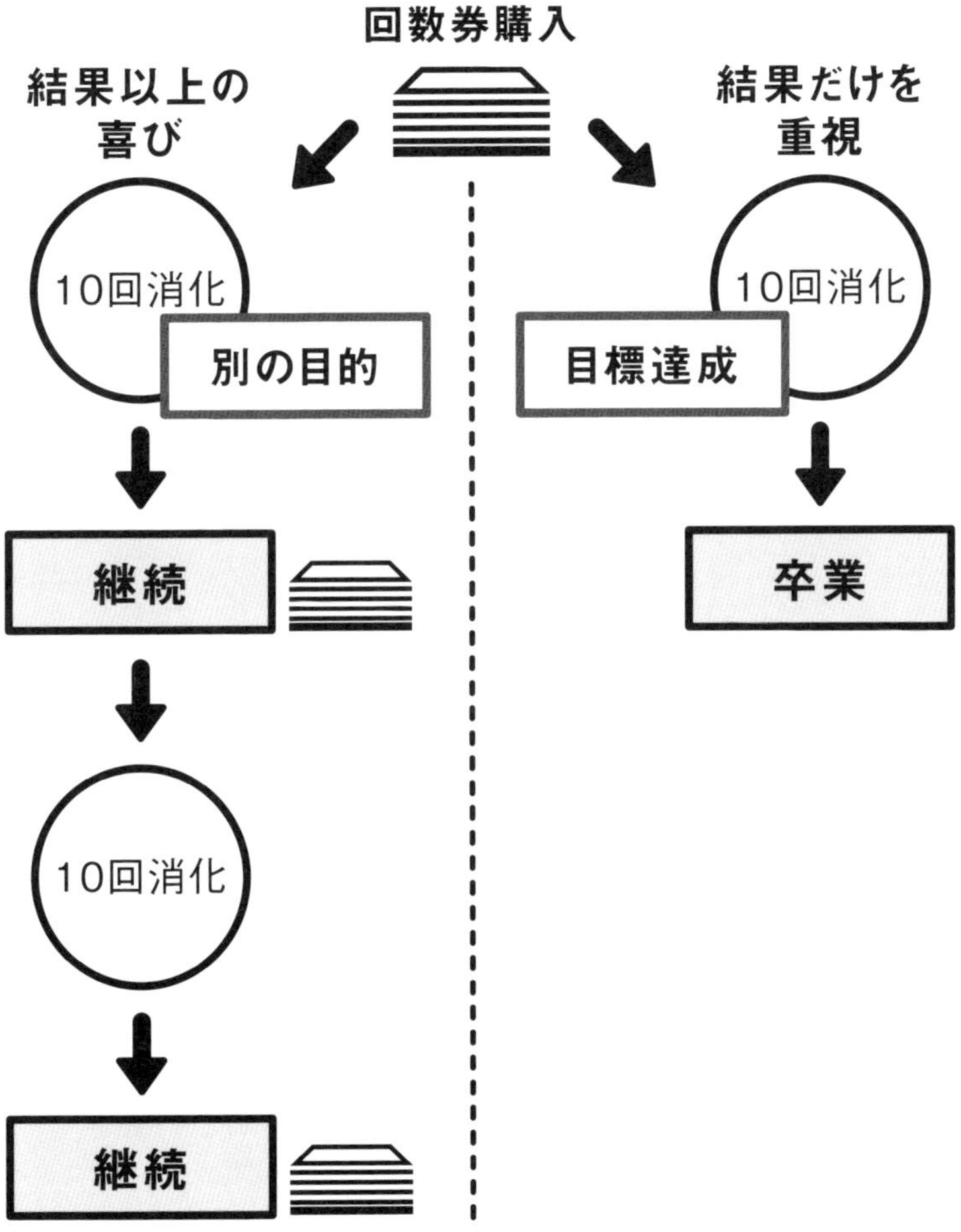

施術者が結果ばかりにこだわれば、
お客様も結果ばかりにこだわるようになる。
それ以上の喜びを見つけることが大事。

2 常連様が増えることの弊害

常連様が増えることで予約が埋まり、新規集客にお金をかけなくても済むようになる。関係性が深まり、クレームが減り客単価も上がる。まさに理想的なサロンの形ができあがります。コストや売上などの物理的なことはもちろんですが、何よりも「精神的な不安がなくなる」ことが最も大きなメリットではないかと思います。

▼精神的な不安のほうがつらい

「今月、新規の予約が来なかったらどうしよう」

そのような不安を抱えながら経営を続けていらっしゃる方は多いことでしょう。そんな不安から、いつまでも高い広告費を払っている方も多いと思います。

肉体的な疲労や痛みよりも、精神的な不安やストレスのほうが後々に与えるダメージは大きいものです。一刻も早く集客地獄から抜け出し、理想的なリピーター経営に移行していきたいものです。あなたのサロンでも、ぜひ前章までに書いたことを実践し、常連様を増やしていきましょう。

ただし、完璧なようなリピーター経営も、ただひとつ、

常連様が増えることでの弊害・デメリットがあります。

それは、人は飽きるということです。

▼気づかないうちに忍び寄る

常連様が増えて安心していると、「数は増えているはずなのになぜか予約が埋まっていない」ということが起こります。皆さん予約は入れていかれる。なのに予約で埋まらない……。これ、実は**「来店頻度」が原因**です。

週2回だった方が週1回に。そして月1回に。ほんの少しの差なので気づかない。でもこれが全体になると、大きな予約数や売上の差となって現われます。そこに気づかないままでいると、さらに来店間隔は空き、「そういえば最近見ないなぁ」と思った頃にはもう遅い。いつの間にかフェードアウトしてしまっているのです。

考えてもみてください。週1回のペースで11年。トータルでざっと500回以上です。500回も同じ店に通い続ける……。飽きないはずがありません。

実はこの飽きることこそがサロン経営の最大の敵。最もその阻止に注力しなければならないことなのです。

人は飽きる生き物

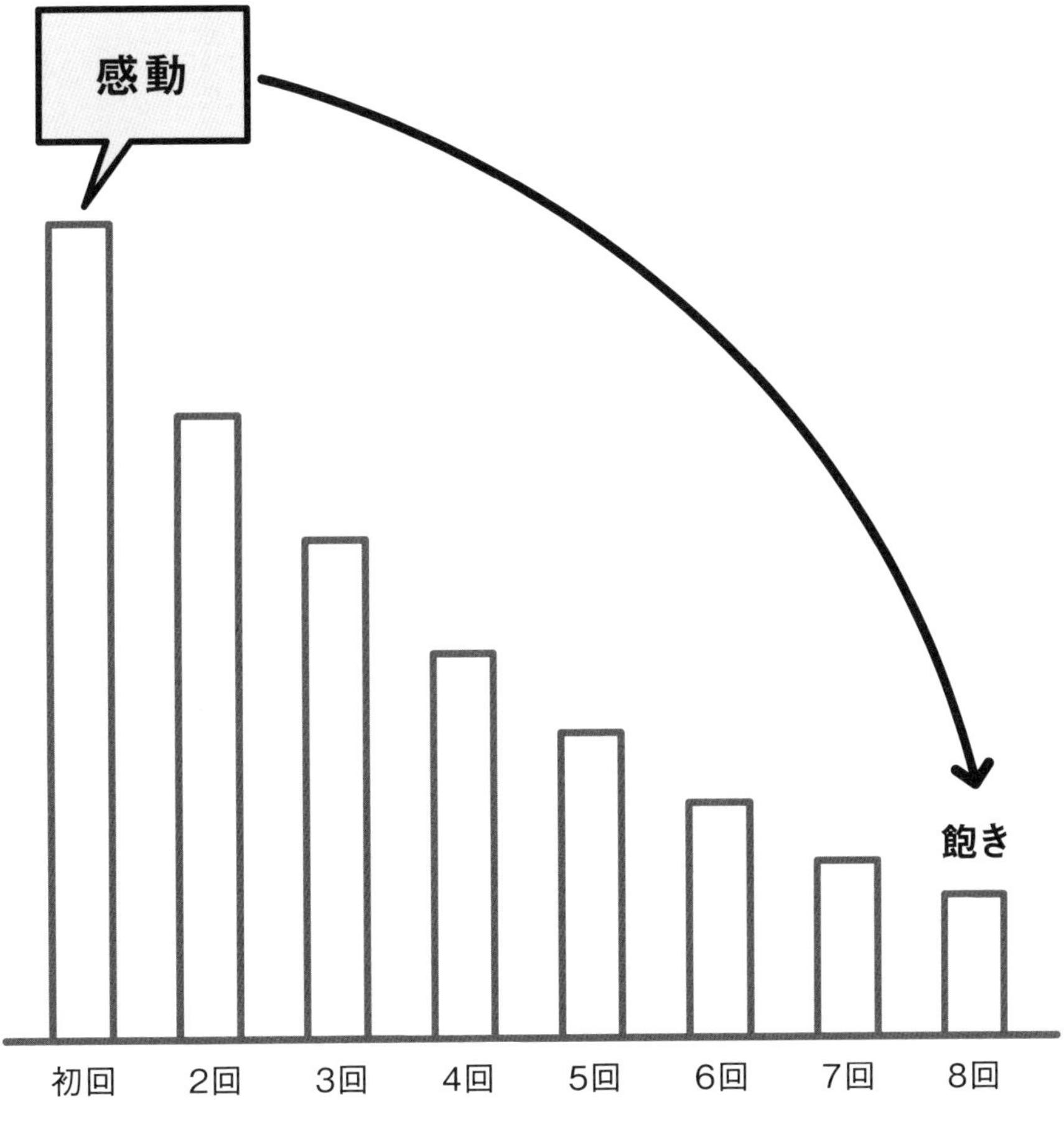

**どんなに感動しても、
通えば通うほどお客様は徐々に飽きていってしまう。**

3

サロン経営の最大の敵

▼サロン経営の最大の敵は「飽きること」

では、その飽きることの恐怖について、もう少し書いていきましょう。まずはこちらの統計（一般社団法人日本サロンマネジメント協会調べ）を見てください。

「お客様がサロンに通わなくなる原因トップ5」

5位　その他　4％
4位　環境の変化など　2％
3位　他によい店があった　6％
2位　不満があった　8％
1位　なんとなく　80％

衝撃的なデータです。店に不満があったり、もっと魅力的な店を見つけたり、引っ越してしまったり、そのすべてを合わせても全体の20％にしかならず、残りの80％は「なんとなく」だと言うのです。

この「なんとなく」の中には、「十分満足されてまた行こうと思いつつ、何となく忘れてしまっていた」というものもあれば、「満足しているのに何となく飽きてきて他の店に行ってしまった」というものもあります。満足はされている。不満があるわけではない。他と比べてもこちらのほうがよい。環境が変わったわけではない。何ひとつ他に移る要素がないのに「なんとなく飽きて」来なくなってしまうのです。しかも8割ものお客様が。

▼気づいた時には手遅れ

さらに怖いことに、飽きというのは急に来るわけではありません。じわりじわりとにじり寄る。お客様も急に来なくなるわけではなく、だんだん間隔が空いて気づけばいなくなっている。来店頻度も実はとても怖く、ひとりのお客様の来店サイクルがたった2日変わるだけで、年間のトータル、全体のお客様で見ると数十万円から数百万円の売上の違いになってきます。

じわりじわり来るから気づきにくく、気づいた時にはすでに時遅し。そんなサロンもよくあります。しかも、通えば通うほど、常連になればなるほど、飽きる可能性は上がり続けていくのです。せっかく一所懸命集客し、リピーターになっていただく努力をしても、徐々に飽きが来て、何となく離れていってしまうのです。

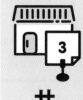

常連になるほど飽きていく

お客様がサロンに通わなくなる原因トップ5

1位	なんとなく	80%
2位	不満があった	8%
3位	他によい店があった	6%
4位	環境の変化など	2%
5位	その他	4%

8割ものお客様がサロンに満足されながらも「なんとなく」通わなくなっていってしまう。

4 新しいもの好きのお客様

▼ピンチの乗り越え方

さて、ここでピンチを乗り越えるヒントです。

ピンチに陥った時、それをプラスの言葉に置き換えてみるとチャンスが見えてくるもの。これはどんな場合でも有効です。ですからここで、サロン経営の最大の敵をプラスの言葉に置き換えてみましょう。

「人は飽きる」

「飽きっぽいお客様」

「すぐに目移りする」

（読者の皆さん、実際に考えてみてください）

どうでしょう？　できたでしょうか。答えはいくつもあると思いますが、私はこんな言葉を思いつきました。

「新しいもの好き」

「好奇心旺盛」

「チャレンジ精神豊富」

そうです。飽きっぽいということは、新しいものに興味を持ちやすく、常に変化するものに目を向けているということ。こうして言葉を置き換えてみると、それがマイナスではなくチャンスなのだと気づきます。そしてやるべき行動が見えてきます。常に興味を持っていただけるような新しいものでサロンを満たしていくこと。

単純明快です。お客様を飽きさせなければいいのです。

▼飽きっぽい人のメリット

また、飽きさせないようにする努力は、サロンにとってさらなるメリットも生みます。先ほども言ったように、飽きっぽい人というのは新しいものが好きで好奇心・チャレンジ精神が旺盛。つまり、**新しいメニューや商品に興味を示しやすく、購買意欲も高い**ということです。

あなたの身のまわりに照らし合わせてみてもそうではないでしょうか？　飽きっぽい方というのは、何かを買ったと思ったらすぐに飽きて、また新しいものを買ったりしています。私のサロンにおいてもそう。飽きさせないような工夫を取り入れはじめてから、お客様の定着率や来店頻度と共に、物販の販売率も大幅に上がっていったのです。ここにこそ、サロン経営の最大のヒント、チャンスがあるのです。

飽きっぽい人のメリットを取り入れよう

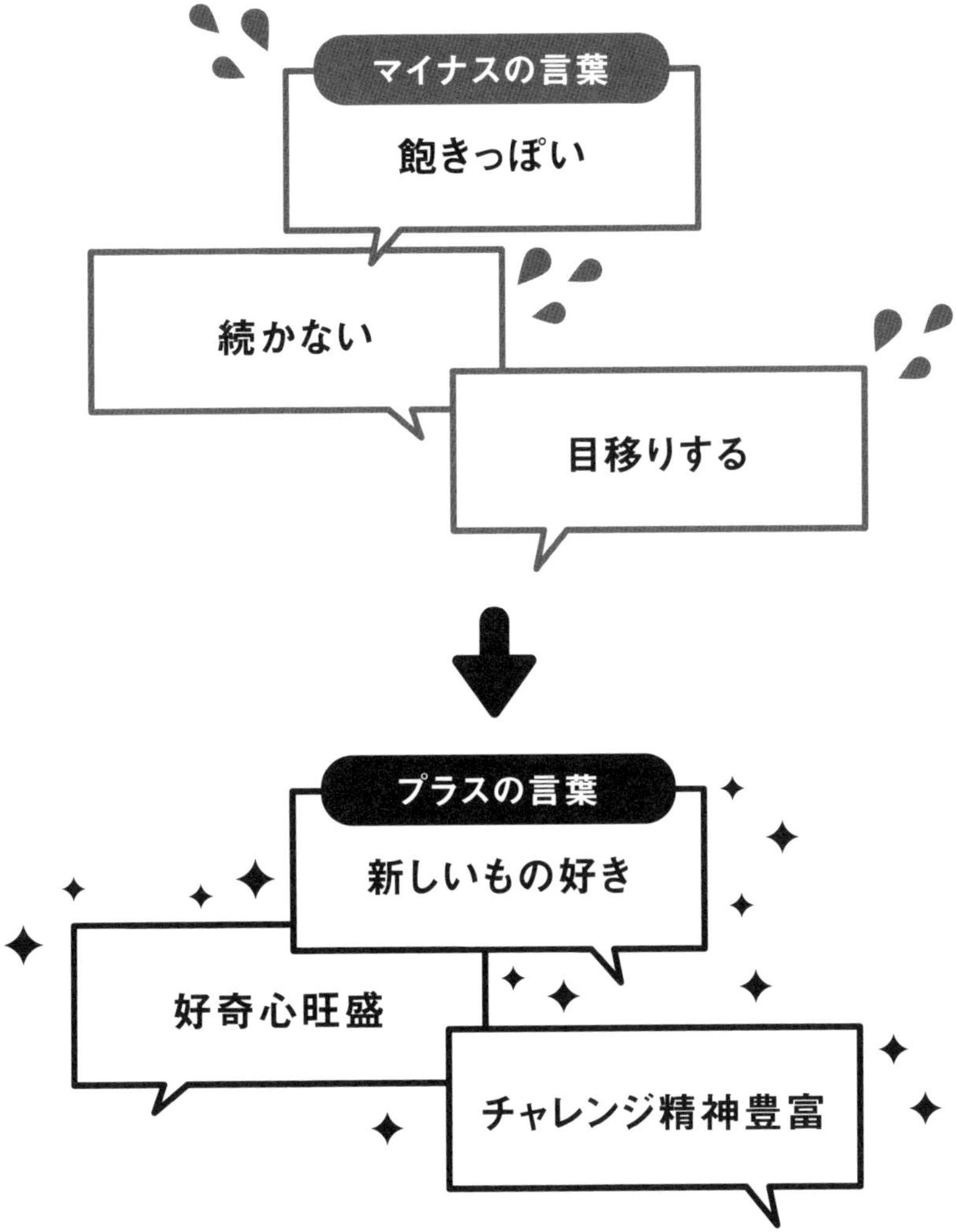

マイナスなことも、まずは言葉をプラスに
置き換えることでヒントが見えてくる。

5 ここからが経営の本題です

▼成功する経営そのもの

驚かずに聞いてください。

ここまで約半分ほど書いてきましたが、実は今まで書いてきたことはすべて序章。ここからが本題です。

極端なことを言ってしまえば、前半で書いたことはひと通りやったらぜんぶ忘れてしまっても構いません。完璧にこなせなくても構いません。なぜなら、ここから先に書くことにこそ、すべての経営のヒントが詰まっている「成功する経営そのもの」だからです。

4章までを完璧に行なったとしても、ここから先ができなかったら、やがて衰退していくことでしょう。もちろん、前半も私たちの11年間の集大成であり大事ではないという訳ではありませんが、それ以上にこれから後半に書くことが大切だということです。

▼10年続くサロンはわずか？

よく、起業して10年続く会社は6％だとか3％だとか言われていますが、私はそんな言葉、気にしたことがありません。お客様が飽きることなく10年以上通い続けてくだされば、つぶれることなどないと信じているからです。いや、10年どころではありません。私の信念は**「一生通い続けられるサロンをつくること」「一生通い続けられるサロンを日本中に増やしていくこと」**。

そうです。一生です。あなたのサロンにも、ぜひそうなってほしいと願っています。

・なぜ集客してもお客様が増えないのか？
・なぜいつの間にかお客様が離れていくのか？
・なぜ客単価が低いのか？
・なぜ商品が売れないのか？
・なぜ新メニューに興味を持ってくださらないのか？
・なぜキャンペーンをやってもうまくいかないのか？
・どうしたら魅力的なキャンペーンをつくれるのか？
・どうしたらもっとワクワクしていただけるのか？

これから、11年間の私のサロンの実例と共に、このすべての答えを書いていきます。何度も読み返し、実践できることはすべて実践してください。あなたのサロンが、一生通いたいサロンであり続けるために。

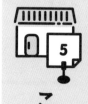

一生通い続けられるサロンをめざす

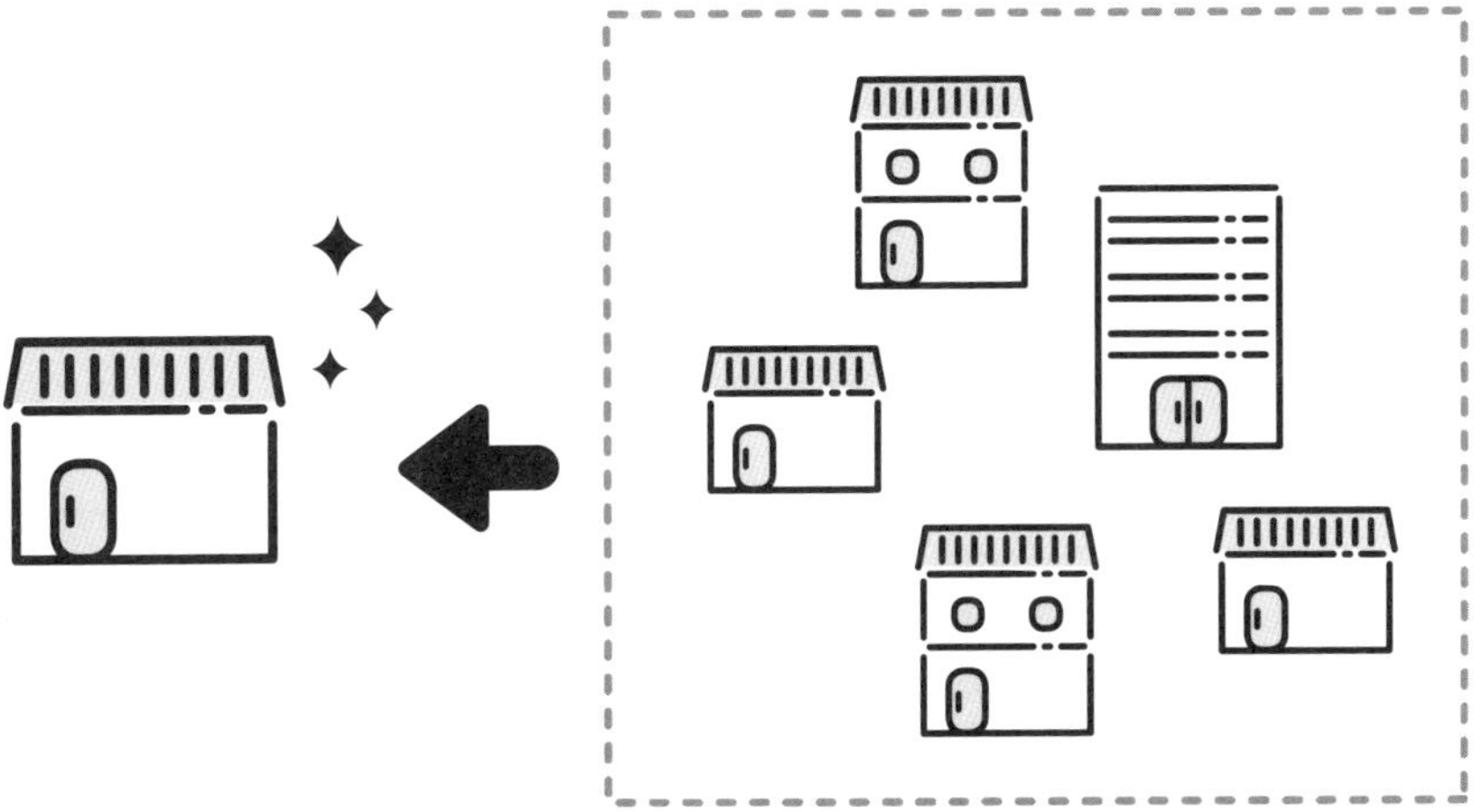

10年続く店は3〜6%?

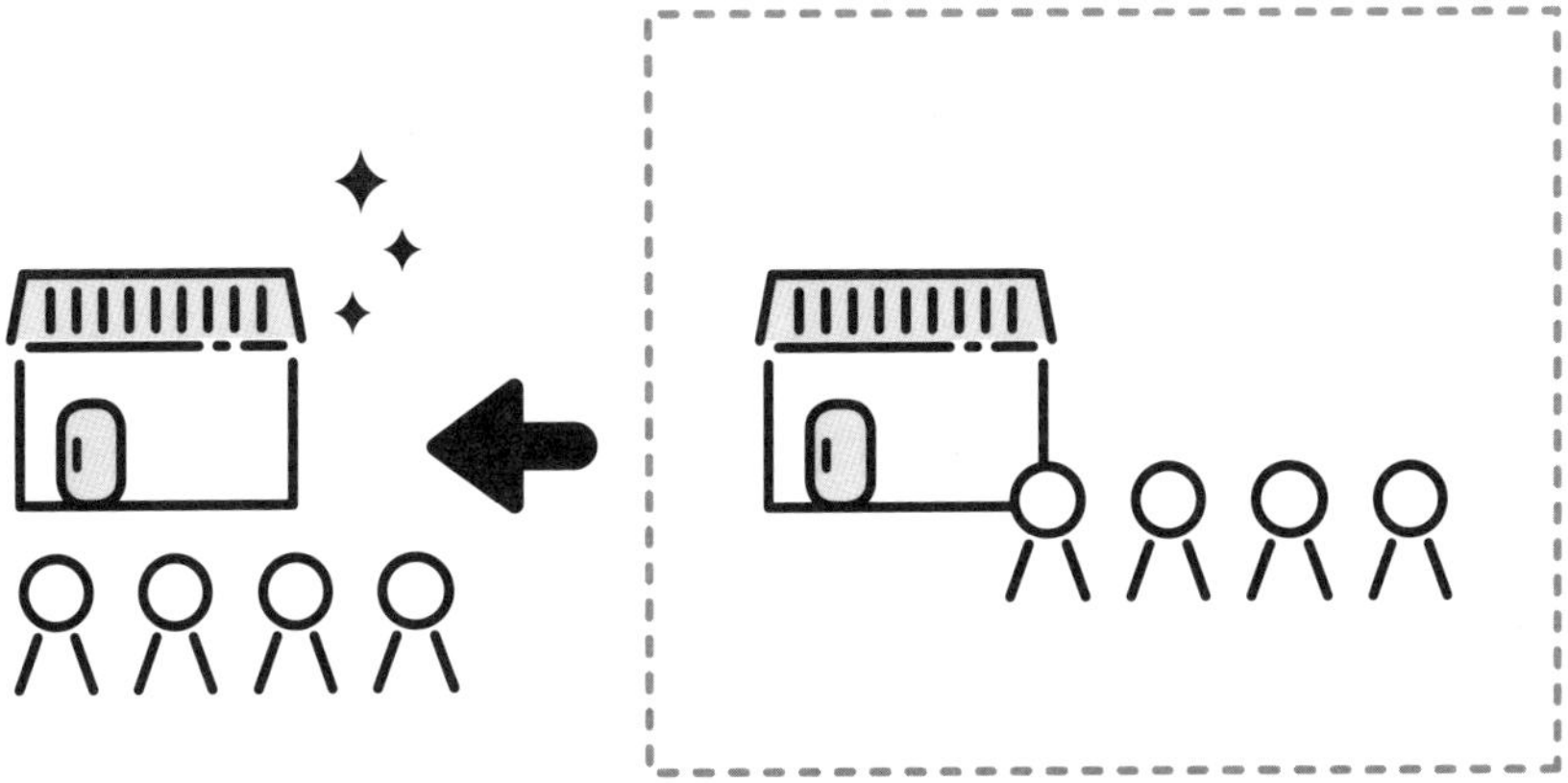

でも、お客様が10年以上(一生)通い続けてくだされば、
つぶれることはない

6 ライバルは同業者ではない

▼敵ではなく仲間

お客様を飽きさせない。ワクワクし続けていただく。一生通いたいと思っていただく。そんなサロンになるために、まずは目線を変えてみることも大切です。例えば、こんなお悩みをいただくことがよくあります。

「近隣に安売りのサロンができたから、うちも値下げして対抗しなければ……」

「同業者がお客としてサロンにやって来た。メニューや商品などを偵察に来たのではないか……」

たしかに心配でしょう。不安でしょう。でも、ここで抗ってうまくいったサロンを私はあまり見たことがありません。価格競争に巻き込まれてしまったり、神経質になりすぎて顧客を減らしてしまったり。

私のサロンでも、車で2分ぐらいの場所に激安サロンができましたがまったく影響はありませんし、常連様の中には、サロンオーナーの方も何名かいらっしゃいます。エステティシャンやセラピストだって、自分も癒されたいじゃないですか。きれいになりたいじゃないですか。何も隠す必要などないし、逆に情報提供をしてくださる場合もあります。皆、仲間なのです。ここでの問題点は、ライバル心を燃やしているということではなくて、「相手が同業者」だということにあります。

▼ヒントのある場所

同業者同士で低価格を競い合って価値を低めたり、情報を隠して独り占めしようとしたりするのではなく、**情報交換し合い、協力し合い、業界全体を発展させていくこと**。そのほうが各サロンの発展につながります。それ以前に、**同業者の中だけで切磋琢磨していても古い常識からなかなか抜け出せません**。少し視野を広げて外の世界に目を向けてみること。例えば、私のサロンにとってライバルはサロンではなく、ディズニーランドだったり、一流ホテルだったりします。接客のヒント、設備やキャンペーンのヒント。自店の劇的な発展につながった物事のほぼすべては、他業種からヒントを得ています。

同業はライバルではなく仲間である。そしてヒントは同業ではなく、もっと身近に無数に転がっているのです。

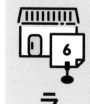

サロンの発展のために手を取り合おう

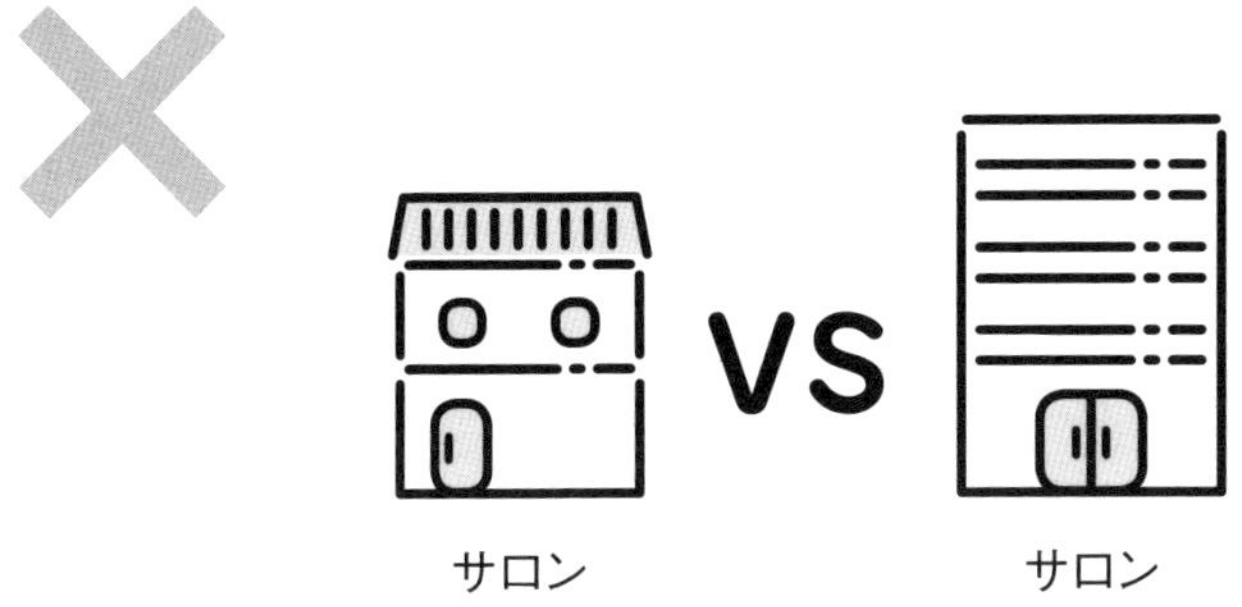

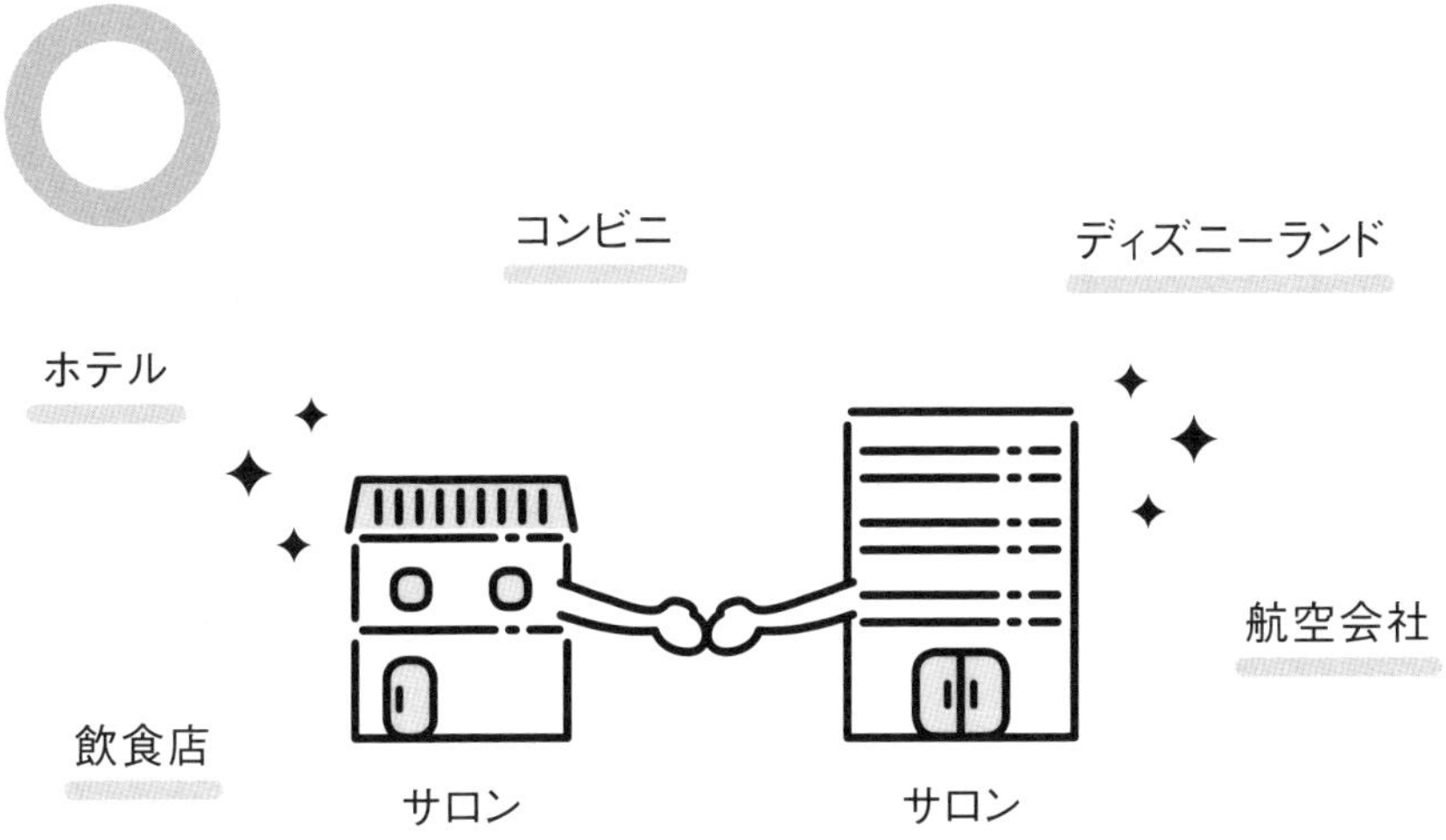

同業者はライバルではなく仲間。
他業種からヒントを得よう。

7

五感に働きかける

ワクワクのヒントがどこにあるのかを理解し、目線を変えることで、一気に視野が広がりチャンスを見つけやすくなることでしょう。例えばディズニーランド。誕生日だからと言って入場料などが安くなることはなく、むしろいろいろ特典を受けると高くなったりします。

これだけでも自店でキャンペーンを行なう際のヒントになりました。このように、遊びに行く時でさえ経営のヒントを見つけられるようになるのです。

▼ワクワクを感じる場所

では、実際にお客様のワクワクを見つけてみましょう。

第一に、「お客様はどこでワクワクを感じるのか」を考えてみるとよいでしょう。ワクワクは脳で感じます。感じるのは脳ですが、その脳に刺激を与えるのは**「視覚」「聴覚」「味覚」「嗅覚」「触覚」の5つの感覚、五感と呼ばれるもの**です。逆に言えば、脳に刺激を与えられるのはこの5つの方法しかないということです。見るのか、聞くのか、触れるのか、味わうのか、嗅ぐのか。このどれかによい刺激が与えられることによってワクワクを感じるのですが、この感覚が重なるほど、ワクワクも強くなります。聞くだけよりも聞きながら見る。聞きながら見るだけよりも見て聞いて体感する。

ラジオが映画になり、４ＤＸへと進化したような感覚です。立体音響、飛び出す映像。イスが動き、風や匂いまで感じる。まさにエンターテインメント。もちろん、小説のように情報が狭まることでより想像力が働くというよい面もあったりしますが、より簡単にワクワクを感じていただくには、なるべく五感すべてに働きかけるようなものを提供したほうが効果的だということです。

▼身近にも取り入れられている

5年ほど前から、匂いを使って販促をする店なども増え、効果をあげているとのことですが、香りが購買意欲を増すというのも五感によるものでしょう。**見た目のインパクトや色彩、心地よい音楽、試食や試飲、香り、体感。**お客様にワクワクしていただくためには、どんなものが効果的なのか。この5つの面から考えていくと答えが見つかりやすいでしょう。

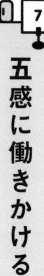

ワクワクは五感を通して脳が感じる

**味わう感覚の数が増えるほど
ワクワクを感じやすくなる。**

8

記憶力を刺激する

▼変えないほうがよいもの

私のサロンでは10年間、店内音楽を変えていません。

こう言うと驚かれる方が多いのですが、開業当初は日替わりでいろいろな音楽をかけていたものの、変えないほうが効果的であるという結論に至りました。ディズニーランドのエレクトリカルパレードの音楽を聴いただけでテンションが上がる人も多いのではないでしょうか? あるいはテレビ番組の主題歌や昔よく聴いていた歌など。企業によってはテーマミュージックをつくっているところもあるほどで、音というのは、**再び聴くことで記憶を呼び覚ます**という効果があります。

再びサロンにご来店いただいた時に、同じ音楽を聴くことで前回のよい記憶がよみがえる。そして通常よりも早くリラックスして心を開いてくださるようになります。効果的なのは、歌詞のない落ち着いたヒーリング系で、かつ日常あまり耳にしないもの。よく有線などで毎回違う歌謡曲を流している店もありますが、心理的に考えればかなりもったいないことをしているのかもしれません。内装などの見た目は定期的に変えるほうが効果的ですが、音楽は変えないほうが効果的なのです。

▼五感が8割を引き止める

五感を刺激してワクワクしていただくことでさらなる効果もあります。「うれしい」「驚いた」「感動した」「ワクワクした」などの感情をつかさどる脳と、記憶をつかさどる脳は隣り合っていて、**感情が刺激されれば記憶効果も高まる**というもの。3日前の夕食のメニューは覚えていなくても、5年前の誕生日に食べたものは覚えているというのもこの効果によるものです。

つまり、喜びや感動でワクワクしていただくことで、お客様の記憶にも残りやすくなるということ。「お客様がサロンに通わなくなる理由」の1位は「なんとなく忘れていた」。そう、五感の刺激は、離反の8割にも及ぶこの理由を防ぐことにもつながるのです。

お客様を飽きさせず忘れさせずに、1年、10年、一生通い続けていただく。そんなワクワクの販促をしていくために、もう少し具体的なコツを書いてまいります。

記憶に残る仕組み

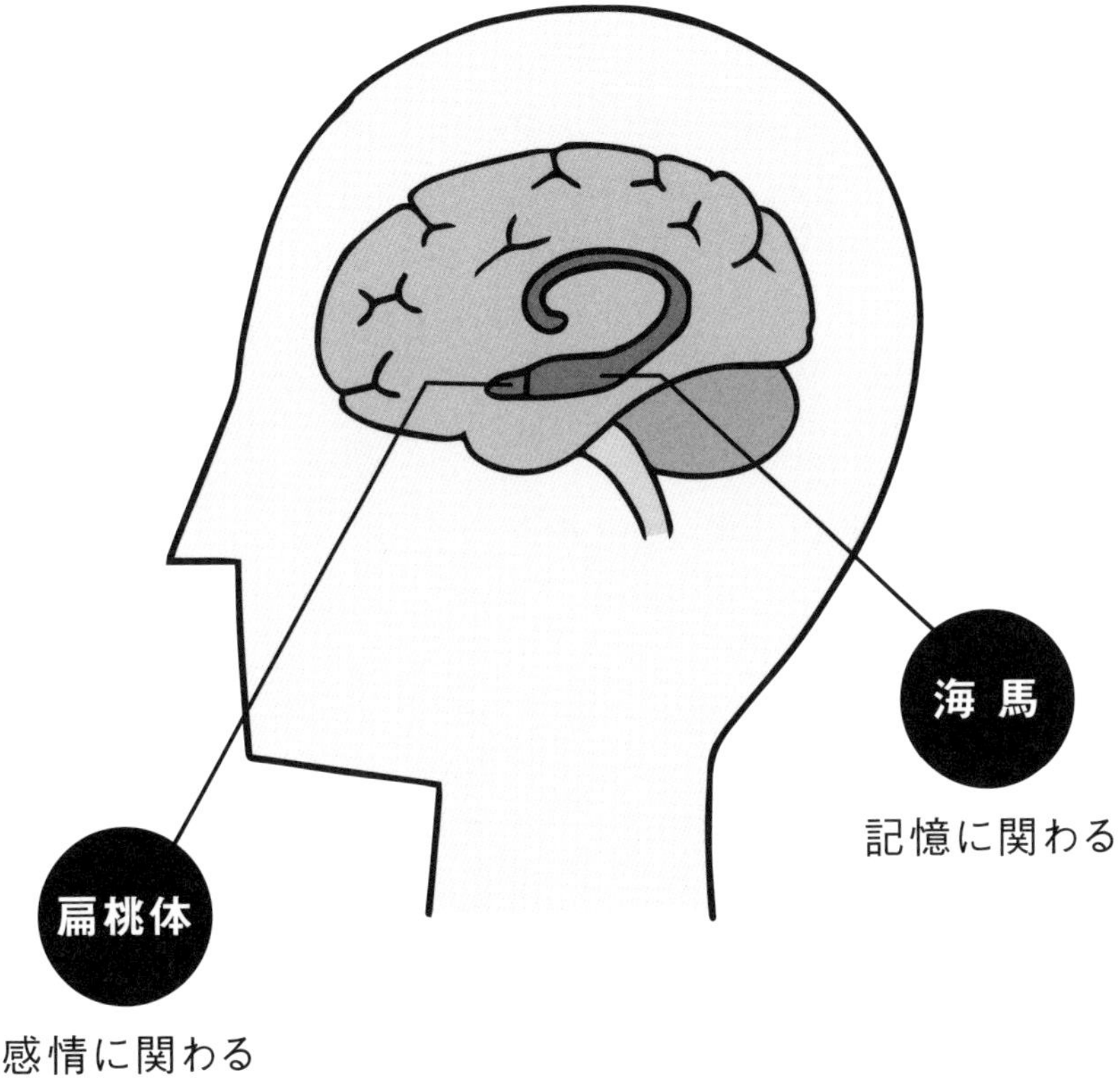

**感情を刺激することで、
お客様の記憶に残りやすくなる。**

9

やればやるほどお得に

ディズニーランドは誕生日に割引をしない。先ほどそう書きましたが、多くの店から届く誕生日ハガキやメールには「お誕生日おめでとうございます。○%オフ」などと書かれています。私はこれを見るたび少しがっかりしてしまいます。誕生日ぐらい贅沢をしたいのです。

▼安易なNG販促

割引はうれしいような気もしますが、実は最も安易な販促です。本当の意味でのワクワクとは違った喜びです。深層心理では、ワクワクしないばかりか、その商品やメニューの価値を下げてしまう恐れもあります。

あなたのサロンでも「赤字覚悟で割引をしたのに、あまり反響がなかった」「次につながらなかった」などといった経験はないでしょうか。全員のお客様にサンプルの化粧品を配ったのに、ほとんど購入につながらなかった。こんな声も聞きますが、恐らくそのサンプル化粧品をもらった人は、使用すらしていないことでしょう。捨ててしまわないまでも「そのうち旅行の時にでも使おう」程度の感覚でしまい込んでいることと思います。

このように人というのは、格安や無料で手にしたものには価値を感じません。「施術半額」「オプション無料」はほとんど無意味です。感謝の気持ちとしてならよいですが、販促として多大な経費を費やすのはあまりにももったいないこと。今すぐやめたほうがよいでしょう。

▼やり方を変えてみる

ただし、これらも少しやり方や見せ方を変えるだけで効果が違ってきます。「ポイントが貯まった方は施術半額」「2万円以上のお買上げでオプション無料」等、何かをしていただいた結果として特典をつける。そうすることによって、お客様からすれば「苦労してつかみ取った」という意識が働くため、そこに付加価値がつきます。

人は、**努力してつかんだものは捨てたくない**のです。

割引や無料でも、それを得るための条件を設定すれば、「そのためにもっと来店回数を増やそう」とか「商品を購入しよう」という方も増えて売上アップにつながっていきます。私のサロンでも、受ければ受けるほどお得になるメニューをつくって成功しています。

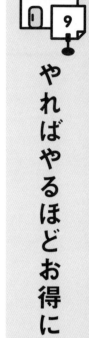

価値を感じるには過程が必要

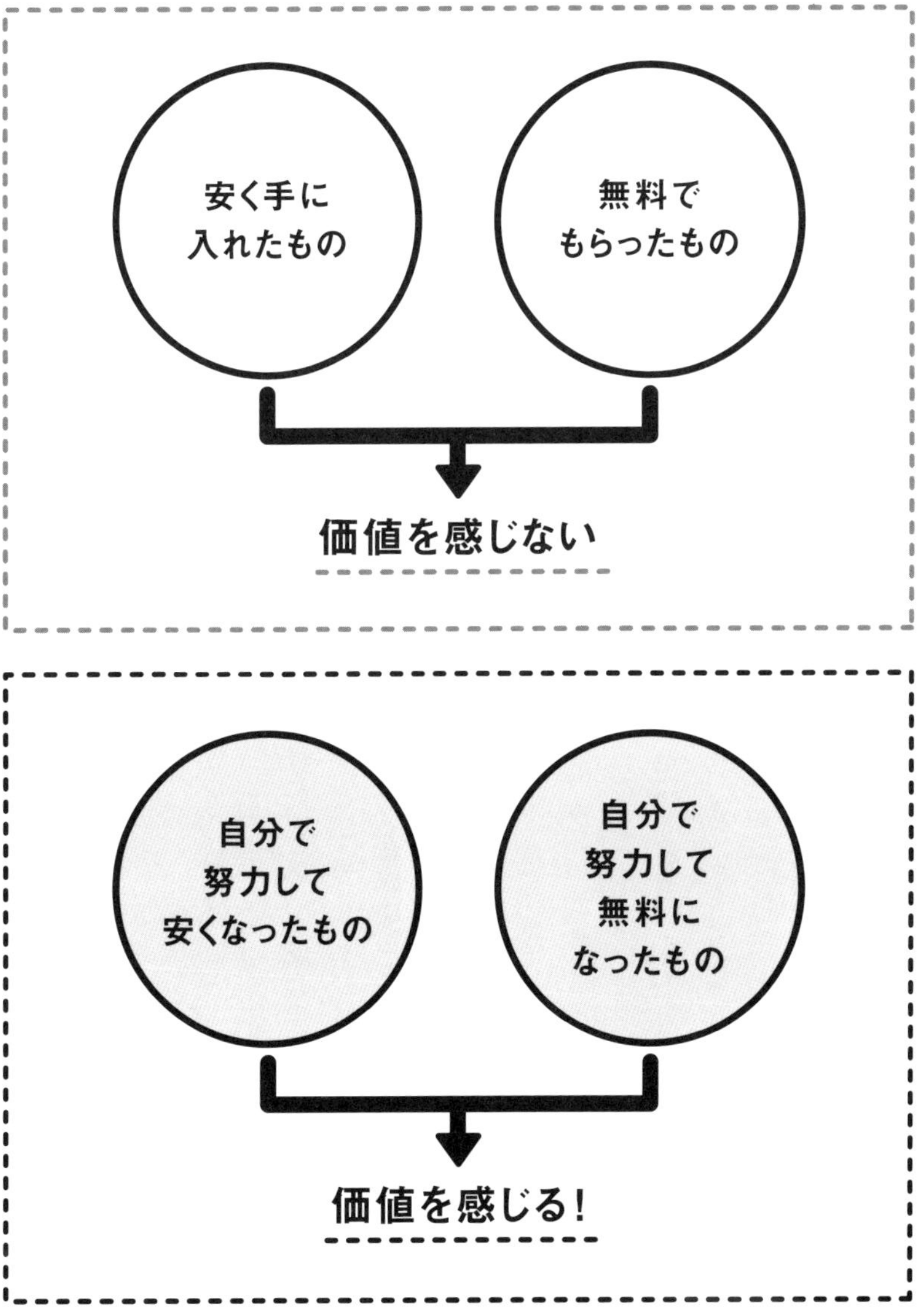

10

販促はおすすめしにくいけれど……

▼売るのが苦手な方に

「売上を上げるために販促をしましょう」と言うと、抵抗を感じてしまう人がいます。あなたもそうでしょうか。

・ものを売るのが苦手
・声をかけられない
・断られたらどうしようと不安になる
・嫌な気分にさせてしまうのではないか

きっとそのような理由ではないでしょうか。大丈夫、安心してください。私もそうです。仕事柄、飛び込み営業の本などもよく読むのですが、本当に感心してしまいます。営業電話をかける方の勇気にも感動します。私には絶対にできません。私の妻もそうです。

当然、新規の方ではなく、意識が高く新しいもの好きな常連様が増えてくればそのハードルはかなり下がるのですが、そこに行き着くまでの葛藤もあることでしょう。そこで、こう考えてみてはいかがでしょうか。

・売らなくていい
・声をかけなくていい
・断られても気にならないものにする
・嫌な気分にならないことをお伝えする

これなら、抵抗もないはずです。**声をかけなくてもお客様が受けたいと思い、楽しまれながら結果にもつながる。**そんな方法を考えていけばよいのです。

▼新人スタッフも成功した事例

たとえば私のサロンで「サプリメント試飲キャンペーン」というのをやったことがあります。ご来店の方限定で新商品のサプリを試飲できるもの。ＰＯＰを貼り、その前にサプリを置いておく。そうすると大抵お客様のほうから声をかけてくださいます。販売する訳ではないのでこちらからも声がかけやすい。断る方はまずいらっしゃらない。新商品を体感できるので嫌な気分にもならず喜んでくださる。結果、新人スタッフでも抵抗なく、販売にまでつなげることができました。

「売ろう」とか「売上を上げなきゃ」と思うから抵抗を感じるのです。「試飲できたらワクワクしていただけるかな?」。そういった視点で発想していけばよいのです。

「売らなくちゃ」と思わない販促

お客様が興味を持ちやすく、
お声がけしやすい販促を考える。

11 お得に仕入れることがお客様の喜びになる

▼100%の利息

もうひとつ、お客様にワクワクしていただくための考え方として大切なことをお伝えし、本章を終わりにします。それは「少しでも条件よく仕入れること」。

私が商品を仕入れる時に徹底的にこだわっていることは「送料」。メーカーによって3万円以上で送料無料とか5万円以上で無料など条件は違いますが、とにかく送料無料になる数量で仕入れをします。なぜなら、**送料は今後絶対に返ってこない無駄な出費だからです。**

よく必要な分だけ仕入れるという方や、お客様から注文があった分だけ少量ずつ仕入れるという方がいらっしゃいますが、年間の送料を考えたらどれだけ無駄な出費になるでしょう。1個仕入れて1000円の送料がかかるとします。それが売れても1000円は絶対に返ってこない。5個仕入れて送料無料だった場合、1個売れて4個在庫が残ります。一見、4個分の無駄な出費があったように感じる。でも1年かけてでも売れれば、それは利益として戻ってきます。考えてもみてください。

今の時代、銀行に1年お金を預けてもほとんど利子はつきません。その分を仕入れにまわせば、5掛けの商品なら2倍になって返ってきます。100%の利息がついたということです。もしも売れなかったら、送料にかかるはずだった1000円を250円ずつ割引に回せばいい。1000円を損した気分になるかもしれませんが、それはお客様に還元した分、お得感につながるのです。

▼目先の損よりその先の得

送料に限らず、10個や100個など多めに仕入れて掛け率が安くなるならば、可能な範囲で多めに仕入れる。そうしてお得に仕入れておいて、その分をお客様に還元する。もちろん、店の規模によって無理はいけませんが、そういう考え方を持つことは大切です。

目先の損を見るのではなく、もっと先の得を見ること。ちょっとした思考の違いによってその後の発展は大きく変わってくるものです。そんな思考も知った上で、いよいよ次の章で私のサロンで実際に行なってきた画期的な販促術の数々を、解説つきでご紹介していきます！

目先の損よりも、先の得を見る

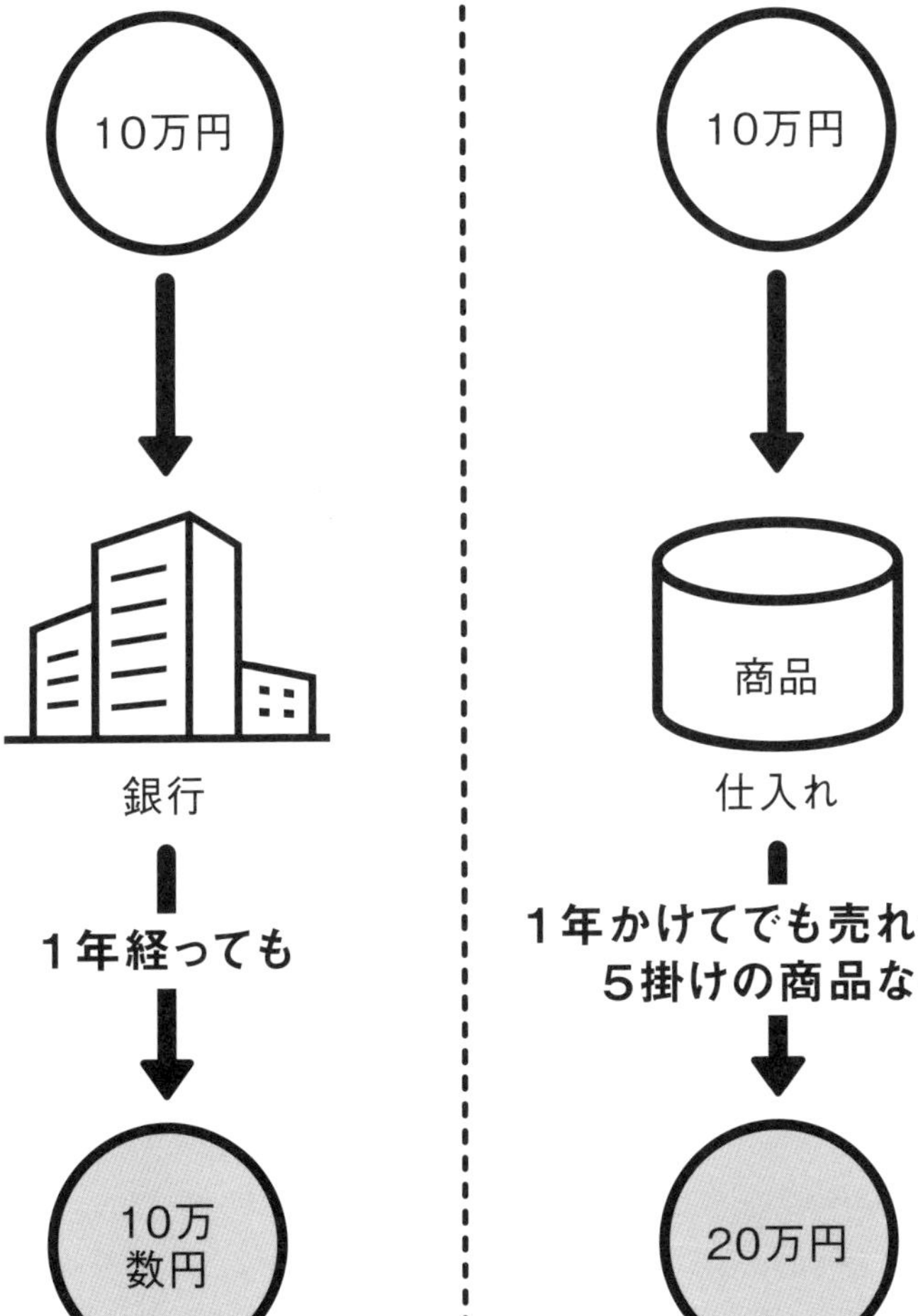

目先の損得ではなく、
もっと先を見ると経営に活きてくる。

6 章

実際にワクワクを生み出した販促事例集

1 キャンペーン＝割引ではない

さて、いよいよ本章では、私のサロンが劇的な成果を上げてきた販促の事例を書いていきますが、その前に今一度、くれぐれも確認しておきたいことがあります。それは、キャンペーン＝割引ではないということ。

▼安易なキャンペーン、敷居の高いキャンペーン

「キャンペーンをやりましょう」とアドバイスすると、「えっ割引はダメなんじゃないですか?」と聞き返されることがよくあります。安易な割引ではどんどん反応が下がり、効果が薄まり、逆効果となりますが、私の言うキャンペーンとは決して安易な値下げなどではなく、**「お客様にワクワクしていただく特別なイベント」**。

お客様が喜びながらそのイベントを受けてくださることで満足度が上がり、来店頻度が縮まったり、商品が売れるようになったり、結果としてお客様もスタッフもワクワクしながら売上も上がっていくというものです。実際に、1回行なうことで1～2名のスタッフで月の売上が100万～300万円ぐらいプラスになることもあります。

▼10年以上通い続けてくださる理由のすべて

当然、毎回が新しいアイデアですから、安易な値下げに比べれば考えるのが大変で、準備や調整など敷居の高いものとなります。でも、私のサロンのお客様が10年以上、500回以上も**ずっと飽きずに通い続けてくださっている理由は、すべてここにある**と言っても過言ではありません。もしもこれらのキャンペーンをやっていなかったら、とうの昔に常連様は離れていき、毎月毎月集客に悩まされ続けていたことでしょう。それどころか、もうサロンはなくなっていたかもしれません。

考えるのが大変で敷居の高いキャンペーン。これから実例をお伝えしていきますので、そっくりそのまま真似をしてもよいですし、そのあとにはキャンペーンのアイデアの生み出し方や実施する上での注意点も解説していきますので、それを参考にあなたならではの世界にひとつだけの特別なワクワクイベントをつくりあげるのもよいでしょう。「一生通い続けたいサロン」になるために、楽しみながらチャレンジしていきましょう！

お客様が通い続けてくださるために

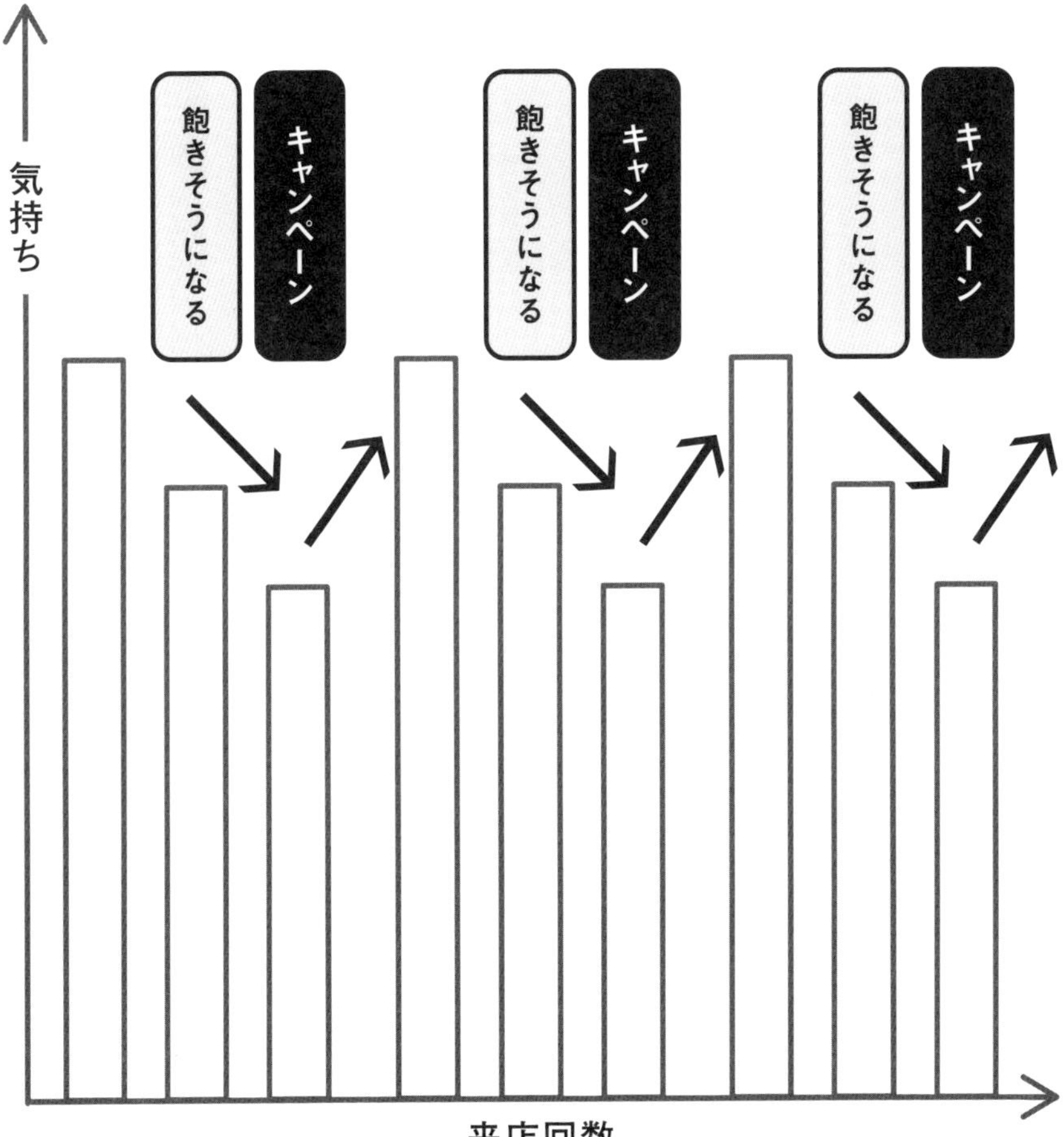

**キャンペーンとは安易な割引ではなく、
お客様にワクワクしていただくこと。**

逆転の発想!! キャンペーンで客単価を上げる!?

▼値引きをしても客単価は上がる

キャンペーン＝割引ではないと書きましたが、実際には少し値引きはします。少し矛盾を感じるかもしれませんが、その理由はもう知っていますね。

・その時にしか受けられないこと
・「苦労してつかみ取った」などの条件をつけること
・割引する明確な理由があること
・次へとつながるための宣伝として

こういった形であれば、無駄にはならず活きてきます。ダメなのは「安易な」ただの割引なのです。

そしてもうひとつ。キャンペーンは客単価を下げて客数を上げるものと考えている方にとって衝撃的な事実。**「キャンペーンによって客単価を上げる」**。しかも、「値引きをしたのに客単価が上がる」という、信じられないような現象まで起こるのです。

例えば、客単価が1万円だったとします。今月だけの限定メニューを2万円でつくり、それを1万8千円で提供する。それが魅力的なメニューであれば、今月しか受けられない限定感から受けてくださる方が増えます。100名のうち30名が受けられれば24万円売上アップ、客単価も1・24倍に増えたことになります。

もちろん定価でもよいのですが、少しでもお得感を感じていただいたほうが受ける方も増え、盛り上がります。

最も単純なやり方だとこうです。これまでの1万円の施術に1万円の商品を組み合わせて、1万8千円で提供する。たしかに値引きはしますが、客単価は上がっているというのがおわかりいただけると思います。

▼失敗するということがない

また、ポイントは「別に全員のお客様が受けなくてもよい」ということ。よくこのようなキャンペーンを行なう時に「たくさんの方に受けていただけなければ失敗だ」と思いがちですが、元々が基礎の売上の上にプラスするものなので、極端に言えば誰も受けなくても失敗ではない。**ひとりでも受けてくだされば大成功**なのです。

大事なのはワクワクしていただくために「まずは開催する」こと。何も恐れずに一歩踏み出してみましょう。

ひとりでも受けたら大成功

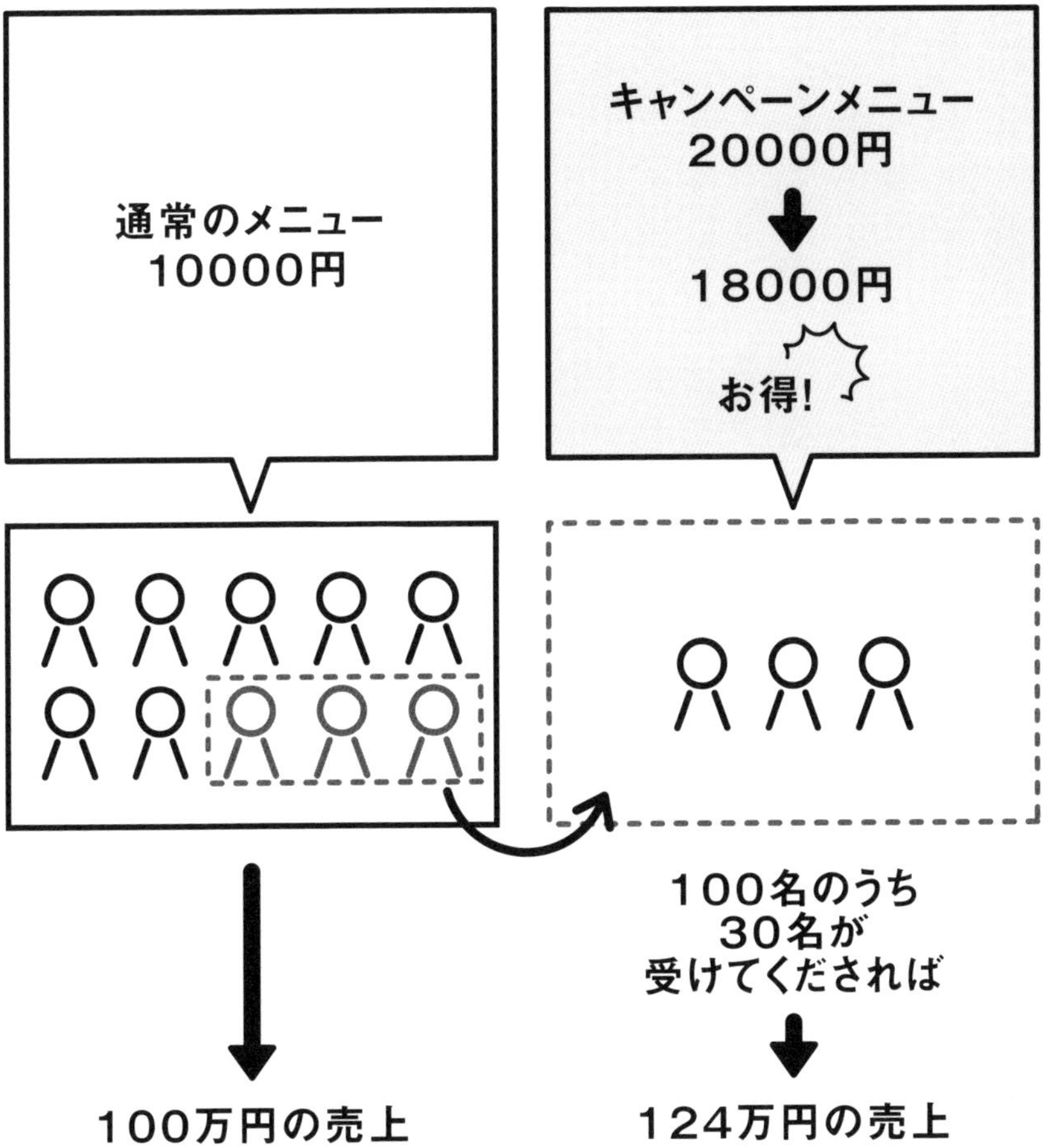

通常の客単価よりも価値の高いキャンペーンを行なえば、値引きしても売上も客単価も上がる。

3 大切なのはキャンペーンの中身より「理由」

ひとりでも受けてくだされば大成功。とはいえ毎回毎回それでは苦しくなりますから、やはりなるべくたくさんの方に受けていただいたほうがよいでしょう。そのほうがサロン全体にも活気が出てきます。売上的に見ても、前ページの例で、もし全員の方が受けてくだされば、売上は1・8倍、80万円アップにまでなります。

では、どのようにして少しでも多くの方に受けていただくのか？　多少の値引きはよいと言いましたが、どうやら値段と盛り上がりはそれほど関係ないようです。安くても盛り上がらない時もあれば、まったく値引きしなくても盛り上げることもある。その理由は何なのか？

これには、他の要素が大きく関係しています。

▼キャンペーンに大切なもの

そのキャンペーンが盛り上がるか盛り上がらないか。金額よりも大事なのは「中身」。これは当然ですが、もうひとつとても重要なものがあります。それが**「キャンペーンをやる理由」**です。「○周年記念」などのイベントが盛り上がるのはわかるでしょう。でも何も理由がないのにプレゼントをもらっても今ひとつピンとこないのと同じように、開催する理由のないキャンペーンというのはお客様もピンときません。むしろ「店の売上のため」と勘繰られてしまうかもしれません。

記念日とか、大会で優勝したとか、資格に合格したとか、受賞したとか、季節のイベントとか、**理由が明確であればあるほど説得力が増し、「参加しよう」と思ってくださるお客様は増えてくる**のです。

▼「理由」を見つけるのは難しくない

「でも、そんなしょっちゅうキャンペーンの理由になるような出来事などない」とおっしゃる方もいるかもしれません。確かに難しそうですが実は何でもよいのです。

今までで一番面白かった私たちの事例で「マラソン完走キャンペーン」というのがあります。事前に告知していたのに大会当日、スタッフの誰も完走できませんでした。さあどうしよう。そこで、苦肉の策で行なったのが「マラソン完走できなくてごめんなさいキャンペーン」。実は意外にも、これがかなり盛り上がったのです。

キャンペーンを行なう時は理由を見つける

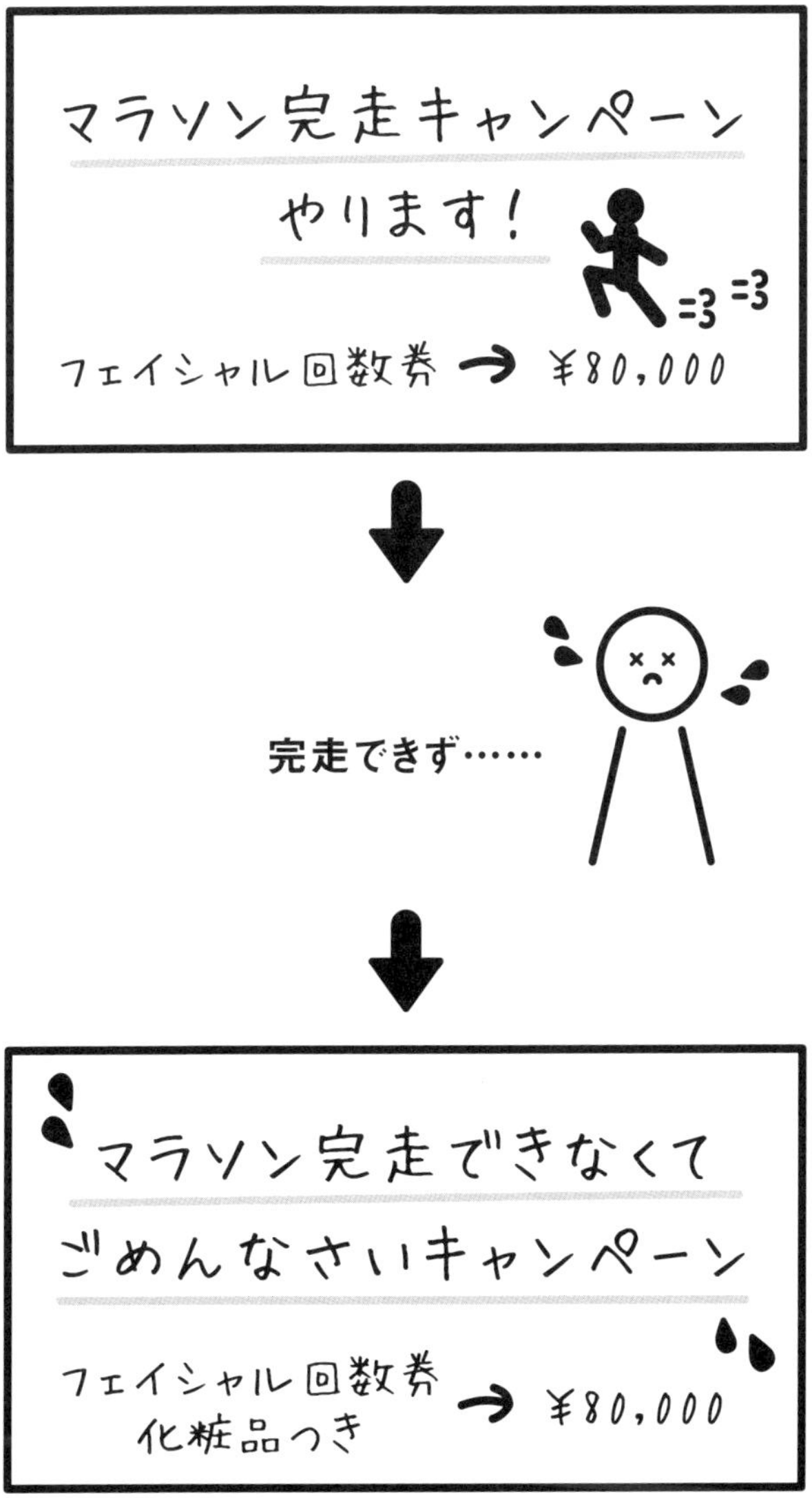

4 バカバカしいことが意外にウケる

「マラソン完走できなくてごめんなさいキャンペーン」。かなりバカバカしいと我ながら思いましたが、実際にはかなり盛り上がりました。「完走できなかったのにキャンペーンやるの？」と笑いながらツッコまれたり、「頑張ったのに残念だったわね」と慰めていただいたり。逆に普通に完走キャンペーンをやるよりもインパクトがあったようです。キャンペーンにしても物販にしても集客にしても、**大事なのはやはりお客様の目に留まることですから、思わず二度見してしまうような内容や、ツッコミたくなるような内容は有効だと言える**でしょう。

▼きれいなものは目立たない

こういったキャンペーンや、店内に貼るPOP、商品の陳列などもそうですが、人はどうしても何事もきれいにしなければいけないような常識にとらわれています。でも、きれいに陳列された商品は景色になってしまう。

きれいな中に、ほんの少しだけ乱れた部分（違和感）があるほうが、目を引き、記憶にも残りやすくなります。カウンセリングもそうです。完璧に流暢にしゃべるよりも、時々ピタッと会話を止めたほうがお客様の心に響いたりします。

▼バカバカしさのもうひとつの効果

バカバカしいものはインパクトがあり、目につきやすく記憶に残りやすくなる。それと同時に、もうひとつの効果もあります。**お客様が思わずクスっと笑ってしまうことで、心が開かれやすくなるということ。**そして感情が動くことにより購買意欲が増すという心理効果です。

そのような面からもぜひバカバカしさを追求していただきたいのですが、笑わせるという点で有効なのが「おやじギャグ」や「ダジャレ」など。これは日常生活でやると嘲笑されたり引かれたりすることもありますが、経営においてはとても有効なものです。この「おやじギャグ」や「ダジャレ」。実は笑わせるだけでなく新しいキャンペーンを生み出す発想にも役立つのですが、それは次の章で語るとして、いよいよこれらを踏まえた、「お客様にワクワクして一生通っていただくキャンペーン実例」を次のページからご紹介してまいります！

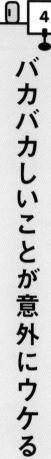

思わず二度見してしまうキャンペーンをつくろう

ホットストーンでホッとひと息キャンペーン

ナノカプセルがお得ナノ♪

Deto
RelaXmas

9周年九州産フェア

腸セラピーがチョーお得！

おやじギャグのキャンペーンやPOPのキャッチコピー。
クスっと笑うことで印象に残りやすくなる。

5

実例！お得系キャンペーン

まずはジャブ。やはり何だかんだ言っても、人はお得なものはうれしいものです。お得なことが購買の最後の決め手になることもあるでしょう。

ただし、何度も言うようにただ値引きするだけでは店の利益も下げてしまい、お客様も次第に飽きていってしまいます。それを防ぐために有効なのが、「まとめ売り」や「セット売り」というものです。

▼よくあるお得の基礎

よく見かけるのが「ボディとフェイシャルのセット」のような形。ふたつのメニューをセットにして「割得」にすればお客様も喜ばれ、セットで受ける方が増えることで単価も上がります。次に、「メニュー＋商品」「商品＋商品」のような組み合わせ。ひとつ売れるよりも、少し安くして2つ3つ売れたほうがお互いに得なのです。

あまりお客様本位ではないですが、注目されずに売れ残ってしまった商品や、大量に仕入れすぎて余ってしまった商品などを組み合わせるのも時には有効でしょう。**意外にも、それをきっかけにその後人気が出る商品もあります。**私のサロンでも、それまで人気がなく在庫を抱えていたボディのパックをセットで販売することによって、その商品のよさを知っていただけ、その後人気が出て、今も売れ続けている定番商品となったものもあります。

▼飽きさせないためのひと工夫

ただ、毎回これをやり続けると、やはりだんだん飽きられてしまいます。ここでひと工夫が必要になってきます。

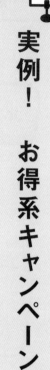

サロンで販売する商品には大きく2つの種類があります。それは「繰り返し継続的に買うもの」と「1回買ったら終わりのもの」です。化粧品やサプリなどは前者にあたり、美容機器などは後者にあたります。わかりやすいようにこれらを「継続商品」「単発商品」と呼ぶことにします。

一度売って終わりのものは継続的な売上という面では歓迎できませんが、この「1回きりのもの」を有効に使うことによってサロンが活気づきます。私のサロンでは

セットでお得なキャンペーンメニュー

よく、**「継続商品と単発商品のセット販売」**というものをやります。本命は継続商品。それを使っていただき、よさを知っていただくために、その場でしか買えない単発商品を活用するのです。「単発商品だけを一所懸命販売しても、その場しのぎの売上にしかならない」というのが私たちの考えです。ですから極端な場合、本命の継続商品を買っていただくために、単発商品を無料でプレゼントしたりもします。

▼爆発的人気の勢いを借りる

例えば、大手メーカーで発売され、有名なサッカー選手がモデルになったことでも有名な、口にくわえて揺らす痩身機器。例えば、美容室やエステのクチコミでよく話題になる、育成光線で髪を復元するというドライヤー。どちらも1万数千円の人気商品ですが、これらを普通に販売するのではなく、サロンの定番商品（継続商品）や役務回数券を購入された方に無料でプレゼントという形にしたのです。どちらも発売されたばかりで品薄になるほどの人気商品。当店でも入荷待ちになるほど注文が殺到しました。

普通に販売すれば、その場1回限りの売上で終わりです。でも、**継続商品や回数券を購入された方へのプレゼントにすることで、その後の再来店や継続的な売上へとつなげる**ことができたのです。

また、特にこういった人気商品に言えることですが、入荷待ちになってしまうと、次回の入荷まで販売ができません。数ヶ月後の入荷になってしまう場合もあり、その商品単体の売り方だと再入荷まで売上が先延ばしになったり、途中でお客様の気持ちが冷めて購入されなくなったりすることもあります。最悪の場合、ネットで安く出回りそちらで購入される方も出てきます。そういったことを防ぐ意味でも、この「継続商品購入でプレゼント」という販売方法は大成功だったと言えるのです。

▼ポイントは「早さ」

さすがに、1万円以上のものをプレゼントするのは抵抗があるという方もいらっしゃることでしょう。しかし、仕入れ値ならばその半分から70％ぐらい。継続商品を2万円も購入してくだされば利益は出ますし、10回の回数券であれば1回あたりの投資額は数百円程度です。継続商品の**販促費**やリピートしてくださる**宣伝費**だと考えれば安いものではないでしょうか。それでも抵抗のある方は、もう少し低額な商品で行なってもよいでしょう。重要なポイントは、「人気の出そうな商品であること」と、「近隣のサロンよりもいち早く新商品の情報をキャッチすること」です。

単発商品を無料プレゼントして継続商品を売る

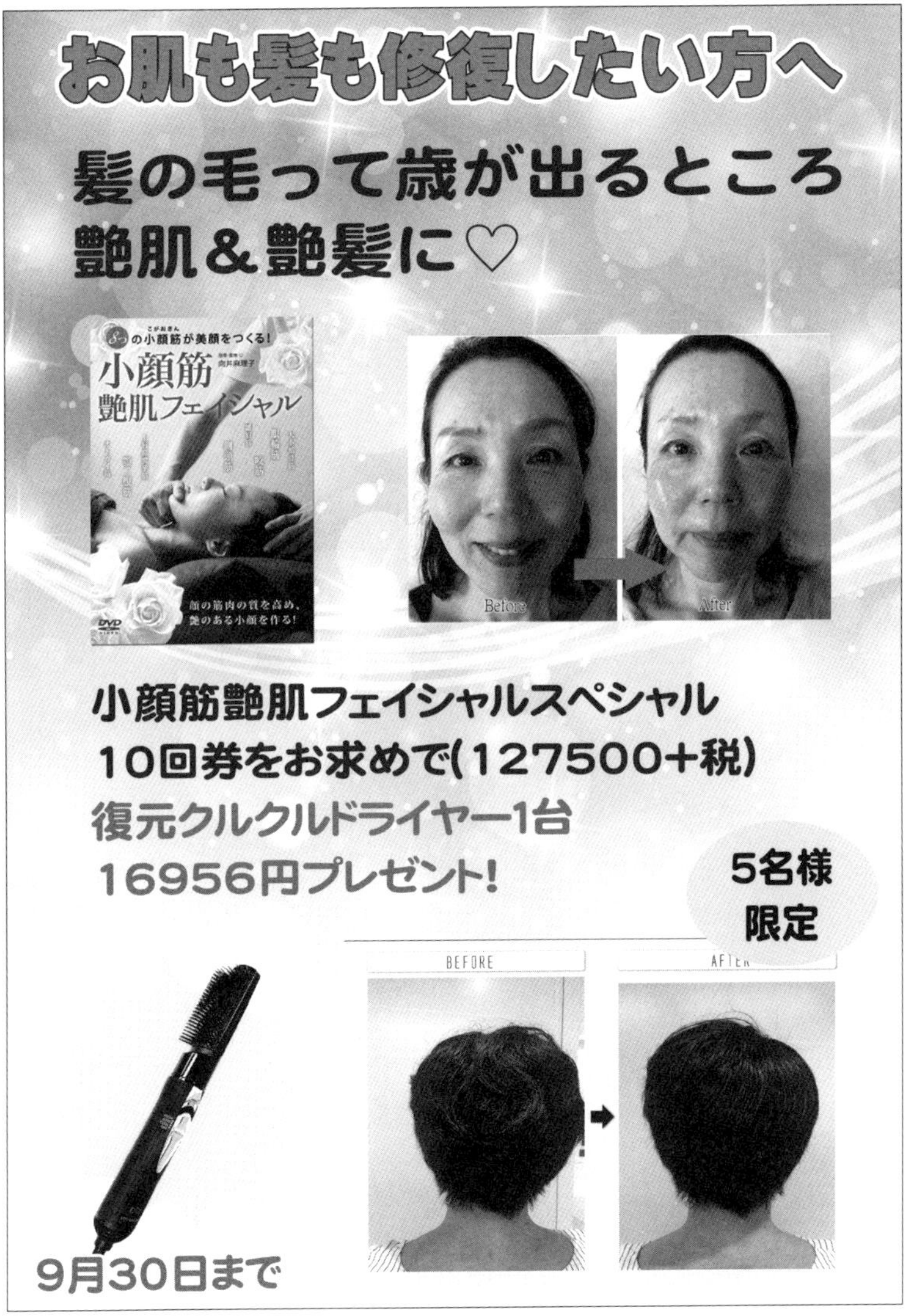

6 実例！ 懐かし系キャンペーン

お得系キャンペーンもやり方によっては効果があることがわかっていただけたと思いますが、そればかりだとじわじわと飽きられてくるのも現実です。そこで、そこに**「ゲーム的要素」**を入れることで一気に新鮮味が増し、お客様の反応や満足度も大きく上がっていきます。

特に、誰もが知っていて、子どもの頃にやった懐かしい遊びなどは好奇心や童心をくすぐることでしょう。年齢層によってやや変わってきますが、定番の遊びというのはそれほど廃れないものです。

わかりやすいのが「あみだくじ」。

▼単純明快・費用もかからない

あみだくじは多くの方がご存じでしょう。誰でも一度はやったことがあるのではないでしょうか。ルールもわかりやすく「わぁ、懐かしい」と思っていただける遊びは、お客様の反応もよくなります。やり方も単純明快。

・縦に10本前後の線を引き、それぞれの線の一番下に「当たり・はずれ」や「サロンの商品・役務」などを記入しておきます。
・その縦線を結ぶように、ランダムに横線を入れます。
・一番下を隠した状態で、お客様にお好きな線を選んでいただきます。この時お客様にも数本横線を書き加えていただくようにすると、よりライブ感が増すでしょう。
・選んでいただいた線を上から順にたどっていき、見事たどり着いた景品をプレゼントします。

▼レシピ・成功のコツ

遊び方自体は、このように至って単純なものです。しかし、ただ単にプレゼントするよりも、遊びの要素を入れることにより**「自分でつかみ取った」**という満足感が加わるため、プレゼント商品の価値も上がります。ここに、店側がおすすめしたい継続商品やオプションメニュー、チケットなどを入れることで、その後につなげられるのです。「○円以上の商品を購入された方」「期間内に○回以上施術を受けた方」などの条件を入れると、より価値が高まるでしょう。参加できる条件や景品の内容をひと工夫することで、単純な遊びも高度な販促ツールへと変化するのです。ぜひ試してみてはいかがでしょうか。

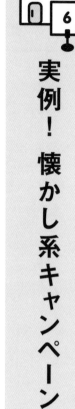

「あみだくじキャンペーン」

★9周年特別企画★
～ ロズまり あみだくじ ～
商品2万円(税別)以上のご購入で
ロズまりあみだくじに挑戦！！
Beauty & Healthy support
MARY FRESH
マリー フレッシュ
ハズレなし♪ マリーフレッシュが
なんと最大90本!?もらえる大チャンス★
8/1～8/30(月)まで（※キャンペーン商品は除きます）

7 実例！ ワクワク系キャンペーン

あみだくじも「何が当たるか」というドキドキ感やワクワク感がありますが、それ以外にも単純でワクワクできるイベントがあります。例えばスクラッチ。コインで削って当てるという、おなじみのものです。実際に削るものをつくるのは大変ですが、シールを貼って剥がすタイプのものが100円ショップなどにも売っているので、それを利用するとよいでしょう。

▼単純＋ひと工夫

スクラッチも**誰もが知っているわかりやすいもの**。こういったもののほうがお客様もイメージしやすく、「やってみよう」という気持ちになりやすくなります。あみだくじもそうですが、**ゲーム自体はシンプルに、それでいて景品や中身にひと工夫することが大切です**。シンプルでありながら、なるべくワクワクするようなやり方を工夫していくとよいでしょう。スクラッチにもいろいろなやり方がありますので、お客様の反応を予想しながら、どんなやり方がよいか練り込んでいきましょう。

・1枚めくって当たり・はずれ
・1枚めくって出た商品をプレゼント
・2枚めくって同じ絵柄が揃えば当たり
・3枚めくって同じ絵柄が揃えば当たり
・1等、2等、3等をつくる

めくる枚数も1枚のものや3枚のものなど様々です。高額な景品であるほど反応は上がりますが、店の経費などを考えて、当たる確率は計算しておく必要があります。

▼はずれはショック

単純明快なスクラッチですが、ひとつ注意点があります。「はずれはマイナスな気分になる」ということ。せっかくワクワクのゲームにチャレンジしたのに、はずれて何もなしだと、お客様もがっかりしてしまい悪影響になる場合もあります。景品のプレゼントは商品の宣伝のチャンスだと考えて、何らかのその後につながる**残念賞を用意しておく**のがよいでしょう。

大事なのはお客様にワクワクしていただくことなので高額な商品を用意する必要はありません。しかし、あまりにもケチケチするのはやはりマイナスです。

「スクラッチキャンペーン」

8 実例！ 季節系キャンペーン

続いてご紹介するのは、季節に合わせたゲームです。**クリスマス、バレンタイン、母の日、七夕、ハロウィン等々、季節ごとに様々なイベントがあります。**もともと季節のイベントというのは、実はほとんどが商店や企業が販促のためにつくり出したものです。サロンにおいてもこれを活用しない手はないでしょう。私のサロンでも季節ごとに様々なイベントをやりますが、なかでも好評だったのがお正月に行なった「百人一首」でした。

▼深読みのワクワク

・まず、百人一首っぽい画像を7枚用意します。
・その画像にそれぞれ「い」「ろ」「は」「に」「ほ」「へ」「と」の文字を入れカードの表面をつくります。
・裏面には、その文字からはじまる五七五の句を書き、商品と結びつけます。例えば「い」、
いつだって　持って安心　「マリーフレッシュ」
というような感じです。強引なこじつけでも構いません。むしろそれがウケたりします。
・表面を向けて並べたカードから、お客様にお好きなものを1枚選んでいただき、裏返して書かれている商品をプレゼント。かるた取り風に風情を出して五七五を読み上げると、さらに盛り上がるでしょう。

これが一連の流れです。

私は、特に意味もなく絵柄と文字を組み合わせてつくったのですが、チャレンジするお客様のほうは、その絵柄の向きや男性か女性かなどを深読みして、かなりワクワクして悩みながらカードを選ばれていました。これは私も予想しなかった意外な効果です。

▼本物に似せることが盛り上がるポイント

カードをつくるのと、五七五を考えるのはけっこう苦労しますが、本物っぽくつくればつくるほど盛り上がるので、やってみる価値はあるでしょう。つくってみたいけど大変そうだという方には、この書籍の読者さん限定で表面の画像データを無料ダウンロードできますので、ぜひ巻末か別紙の詳細をお読みください。ちなみに、正確には百人一首は「五七五」ではなく「五七五七七」なのですが、そこはまあ、ご愛嬌です。

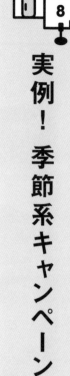

「百人一首キャンペーン」

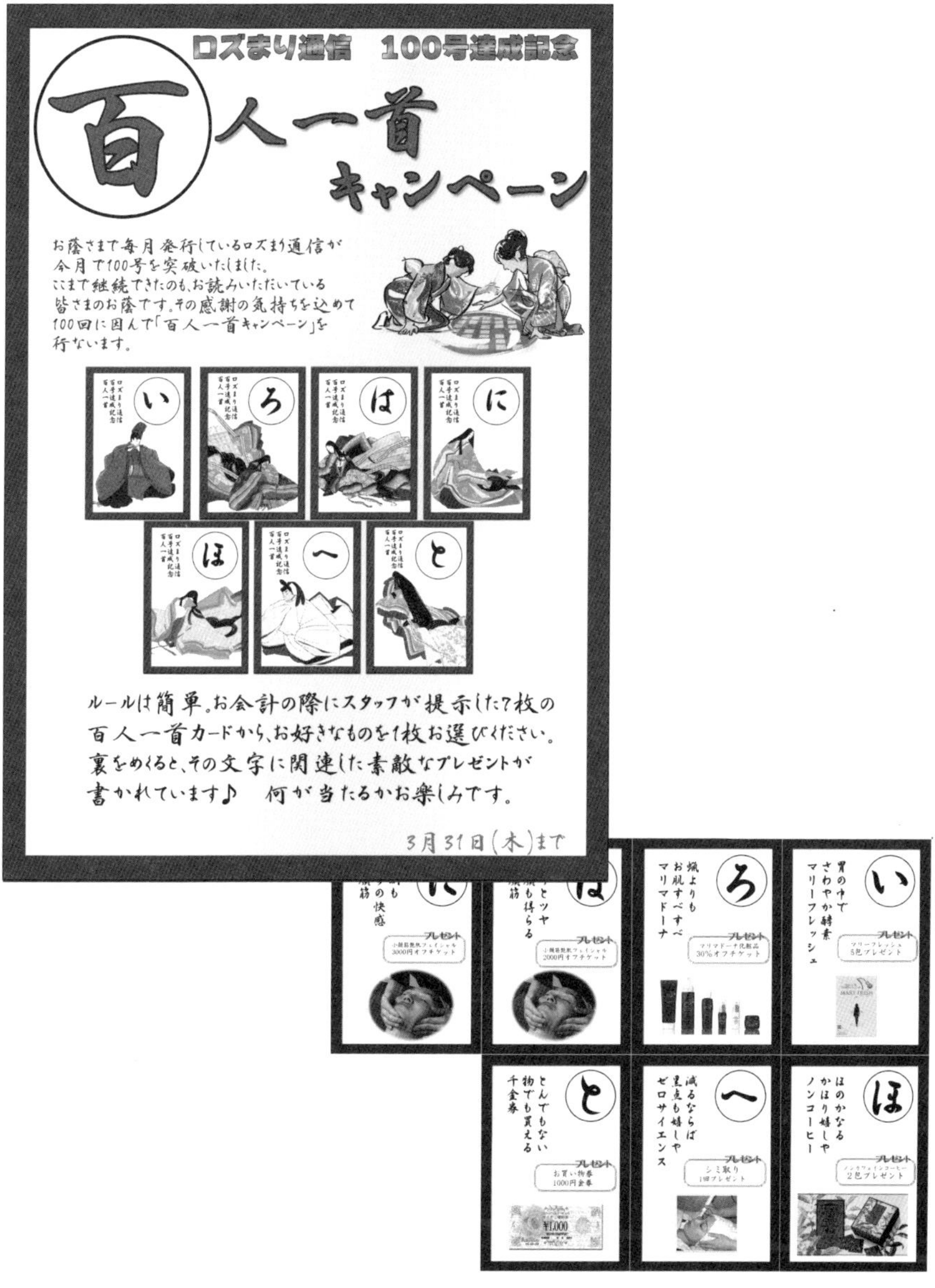
ロズまり通信　100号達成記念
百人一首
キャンペーン
お蔭さまで毎月発行しているロズまり通信が
今月で100号を突破いたしました。
ここまで継続できたのも、お読みいただいている
皆さまのお蔭です。その感謝の気持ちを込めて
100回に因んで「百人一首キャンペーン」を
行ないます。
い
ろ
は
に
ほ
へ
と
ルールは簡単。お会計の際にスタッフが提示した7枚の
百人一首カードから、お好きなものを1枚お選びください。
裏をめくると、その文字に関連した素敵なプレゼントが
書かれています♪　何が当たるかお楽しみです。
3月31日(木)まで
プレゼント
小顔筋艶肌フェイシャル
3000円オフチケット
プレゼント
小顔筋艶肌フェイシャル
2000円オフチケット
ろ
蝋よりも
お肌すべすべ
マリマドーナ
プレゼント
マリマドーナ化粧品
30%オフチケット
い
胃の中で
さわやか酵素
マリーフレッシュ
プレゼント
マリーフレッシュ
5包プレゼント
と
とんでもない
物でも買える
千金券
プレゼント
お買い物券
1000円金券
へ
減るならば
黒点も嬉しや
ゼロサイエンス
プレゼント
シミ取り
1回プレゼント
ほ
ほのかなる
かほり嬉しや
ノンコーヒー
プレゼント
ノンカフェインコーヒー
2包プレゼント

9 実例！ チャレンジ系キャンペーン

次にご紹介するのは、参加するハードルは上がるけれど参加された方は劇的に盛り上がるというチャレンジ系キャンペーン。「ビフォー・アフターコンテスト」です。

▼コンテストは敷居が高い

ダイエット、フェイシャルなど結果が重要視されるメニューで、一定期間にどなたが最も結果が出たかを競い合うコンテスト。スタッフとお客様が一丸になってひとつのゴールに向かうことで、関係性も深くなり、大きな達成感や喜びも共有することができます。そしてそれは感動へと変化していきます。ただし、こうしたチャレンジ系のキャンペーンというのは、どうしても「私にはとても無理だわ」とか「頑張るのは大変そう」などと、お客様のほうがためらってしまいがちです。ＰＯＰを貼っておくだけではなかなか参加してくださらないことでしょう。そこでいくつかポイントがあります。

・参加は無料にする
・景品を豪華にする
・一緒に頑張っていくことを強調する
・達成できた時の「未来」を見せる
・熱く、ひたすら熱く語る

このような形ですが、実際、私たちは、同じメニューを導入されている他のサロンの方々も一緒になって、景品10万円や20万円規模のコンテストを開催してとても盛り上がっています。ここまで大きな金額だと一サロンでは難しいと思いますが、「回数券プレゼント」のような形で豪華さをアピールすることはできます。

▼情熱こそが感動への源

想像してみてください。コンテストに参加され優勝めざして一所懸命に頑張る。心をひとつにして、今までしたこともないようなチャレンジをする。くじけそうになり、励まされ、奮い立ち、ついにゴール！　惜しくも優勝は逃したものの、１ヶ月で４キロ痩せていた。

感動的ではないですか？　もちろんキャンペーンに挑むために来店頻度も上がり、商品も売れるようになるというメリットもあります。でもそれ以上に、待っているのは感動。そこに導くあなたの情熱が大切なのです。

「ビフォー・アフターコンテストキャンペーン」

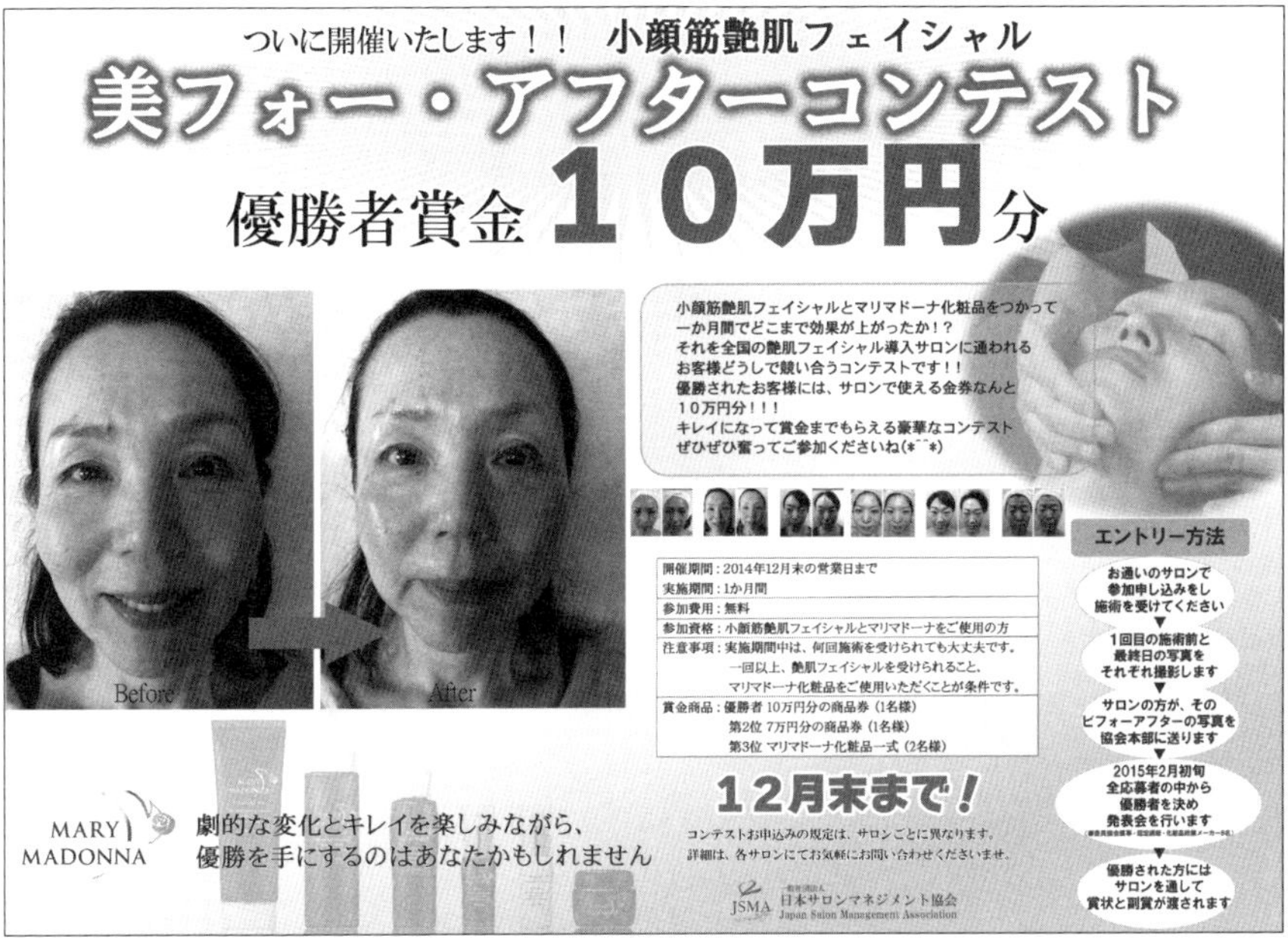

10 実例！ゲーム系キャンペーン

キャンペーンとは割引することではなく、ワクワクしていただくためにイベントとしてゲーム要素を加える。それが何となくわかってきたことと思いますが、その最たる例がこちらです。「つかみ取りキャンペーン」。

このキャンペーンもかなりご好評をいただきました。

▼太っ腹なお得感

これは、商品を片手でつかめただけ持って帰ることができるというものです。例えば私のサロンでは、スティック状のダイエットサプリ「マリーフレッシュ」という商品を取り扱っています。当時の価格で20包入り5500円、1包あたり275円になります。よく抽選箱などで使われる上部に穴の開いた箱の中にこのスティックをバラして入れておき、2万円以上商品をお買い求めいただいた方は1回つかみ取りができるという形です。

女性の手でだいたい平均40本ほどつかめるので、1万1千円ほどのお値段。2万円の買い物で1万円もらえるとなれば、かなりお得感があります。実際には仕入れ値が半額なのでサロンの負担は5500円ですが、お客様にとっては「やらなければ損」と思えるほどです。

また、こういったゲーム系のキャンペーンにはサロンにとってもうひとつのメリットがあります。

▼苦手の克服とキャンペーン成功のカギ

多くのサロンの方がキャンペーンをやる上でネックとなるのが最初のお声がけではないでしょうか。「ただ今キャンペーンをやっていまして、2万円以上お買い求めいただくと1回チャレンジできます」。このひと言がなかなか言い出せない。言い出せたとしても「いや、興味ないからいいわ」と言われてしまうこともあります。ところがゲーム形式だとこのようなお声がけができます。

「何本ぐらいつかめるか、試しにやってみませんか？」

ほとんどの方は試しにつかみ取りをやられます。そしてビックリされるのです。「えっ？　こんなにつかめるの？　だったらやったほうがお得ね！」。こうして8割以上の方が2万円分の商品を購入され、ワクワクしながらチャレンジされたのです。**購入よりも先に体感していただく。**それがキャンペーン成功につながるのです。

「商品つかみ取りキャンペーン」

（現在「マリーフレッシュ」は30包入りになっています）

実例！パズル系キャンペーン

次に、過去の数々のキャンペーンの中でも、最も成功したと言えるキャンペーンをご紹介しましょう。

お客様のワクワク感も、売上も、リピート率も、商品の購入率も、すべてが高水準で盛り上がった絶妙なバランスのキャンペーン。それが「ビンゴゲーム」です。

▼まさにビンゴ！

「えっ？　ビンゴ？　それだけ？」

そう思われる方も多いでしょう。でも、結婚式の二次会などでやる普通のビンゴゲームとはひと味もふた味も違います。大切なのは、よく知られているゲームをそのままやるのではなく、「自分のサロン向けにアレンジする」ということ。

・まだ知られていない商品を知っていただくには？
・もっと来店頻度を上げて喜んでいただくには？
・同じメニューばかりではなく別の施術も試してほしい

そのような目的を明確に持って、絶妙なバランスで形を変えていくことが大切です。そのあたりのコツは次の章で詳しく書くとして、まずはそうして完成した私のサロンならではのビンゴゲームをご紹介しましょう。

▼ビンゴゲームの特徴

・マスは3×3の9マス
・各マスに施術メニューや商品を並べる
・施術を受けたり商品を買ったりしたらそこを埋める
・縦横斜め、いずれかが揃ったら景品プレゼント
・一度揃ったら終わりではなく、さらに埋められる
・さらに揃えばまたまた景品プレゼント
・9マス全部埋まれば8回プレゼントがもらえる

という感じです。マスの数以外は通常のビンゴゲームとほぼ一緒なのでわかりやすいと思いますが、細かな点で注意が必要なので一つひとつ解説していきます。

まず、なぜ3×3なのか？　これは、5×5でもよかったのですが、25アイテムだと多すぎてお客様が揃えるのが大変なのと、もうひとつは店の個人的な都合です（次章でタネ明かしします）。

次に配列ですが、これが一番重要。マスの中央にはサロンで最も人気のあるメニューを配置します。そして、

「ビンゴキャンペーン」

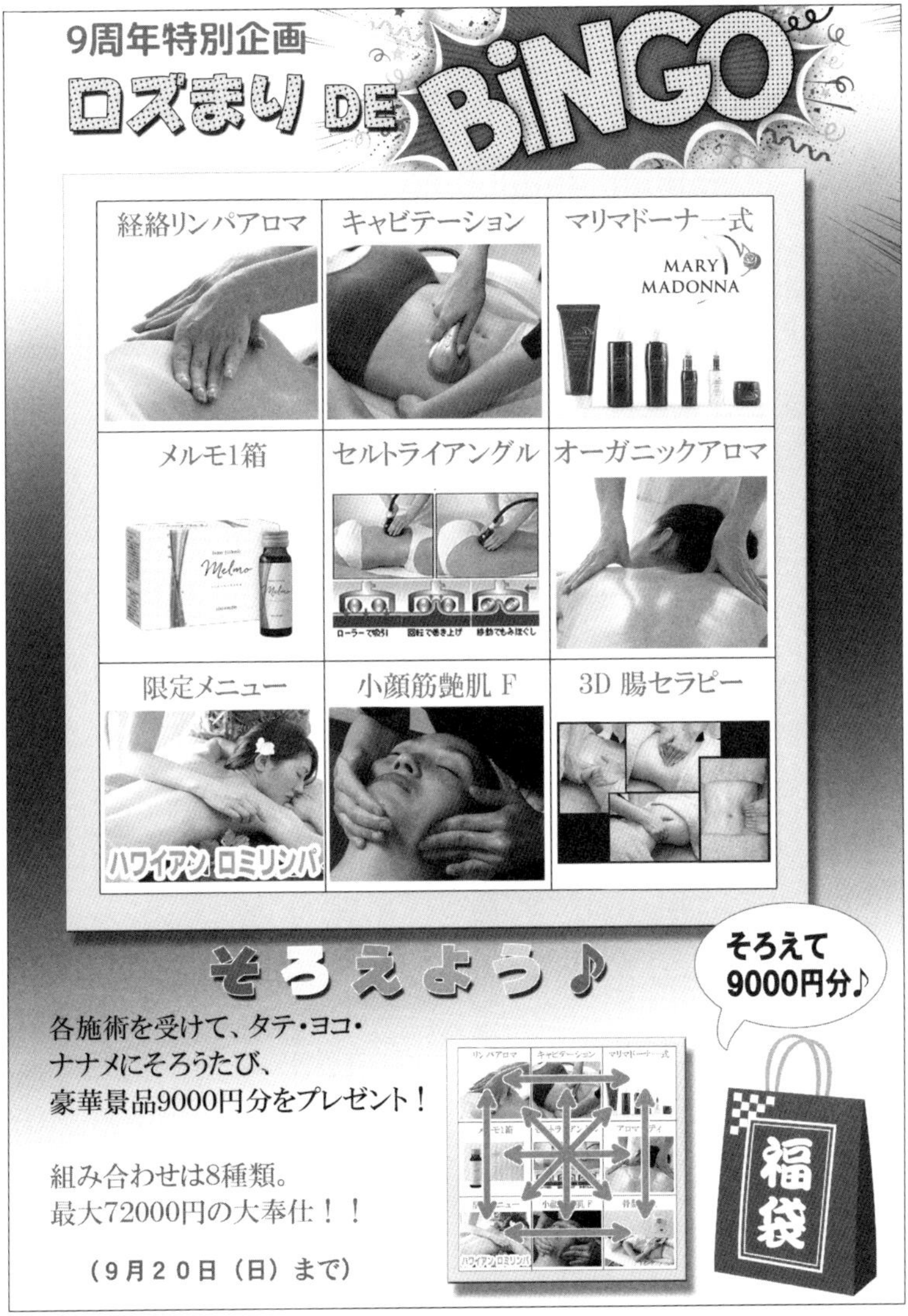
9周年特別企画
ロズまり DE BiNGO
経絡リンパアロマ
キャビテーション
マリマドーナ一式
MARY MADONNA
メルモ1箱
セルトライアングル
オーガニックアロマ
限定メニュー
ハワイアン ロミリンパ
小顔筋艶肌 F
3D 腸セラピー
そろえよう♪
各施術を受けて、タテ・ヨコ・
ナナメにそろうたび、
豪華景品9000円分をプレゼント！
組み合わせは8種類。
最大72000円の大奉仕！！
（9月20日（日）まで）
そろえて
9000円分♪
福袋

それに関連性のあるメニューや商品を、縦横斜めのいずれかに配置していくのですが、その際、同系列のメニューや商品が一直線上に並ばないよう、微妙に配列をずらします。ここが最大のポイントです。例えば痩身のメニューが中心だったとしたら、その上に痩身のオプションメニュー、ところが下はフェイシャルメニュー……、という具合。

▼それもまた優しさ

わかりますでしょうか？　文字だけで読むとかなりイヤらしいです。リーチまでは簡単にいくのに、揃えようと思ったら別のメニューを受けなくてはならない。相当イヤらしいです。

でもこれも、お客様に他のメニューや商品を体感して喜んでいただくためのサービスの一環です。実際、多くのお客様がこの絶妙な配列に、ジレンマを感じながら喜ばれていました。「うーん、次はどこを揃えよう」と笑いながら、それまで頑なに痩身しか受けなかった方がフェイシャルを受けられたり、商品を買ったことのない方が商品を買われたりしました。

そして「フェイシャル気持ちよかったわ」「あの商品、もっと早く買っておけばよかった」などと満足されたのです。**通常であれば、単なる勧誘と捉えられてしまうかもしれないことも、ゲームを通して行なうことで楽しい体験へと変わっていく**のです。

次に、1列で終わりではなくその後も揃えられるというところも通常のビンゴゲームと違うところ。お客様からすると、1列目を揃えるためには3つ埋めなければならないのに、2列目はあと2つ埋めれば揃う。さらに3列目はもうひとつ埋めれば揃うという具合に、後になればなるほど揃いやすくなります。これによってどんどん購買意欲が増し、期間内に2列3列4列と揃える方が続出したのです。1ヶ月半ぐらいの間に9個すべて埋められた方も何名かいらっしゃいました。

こうして、**来店頻度も物販購入率も大幅に上がった**のです。しかもワクワクされながら。

▼唯一の失敗点

ただし、このイベントも完璧に成功だったかと言うとそうではなく、結果的には大成功だったのですが、予想を超えた反省点もありました。途中、かなり冷や冷やしたのも事実です。

そのあたりの注意点につきましても、細かなタネ明かしとともに、次章「キャンペーンを生み出す脳内の様子」で書いていきますので、後ほどじっくりお読みいただければと思います。

「ビンゴ」の揃っていく感覚が楽しい

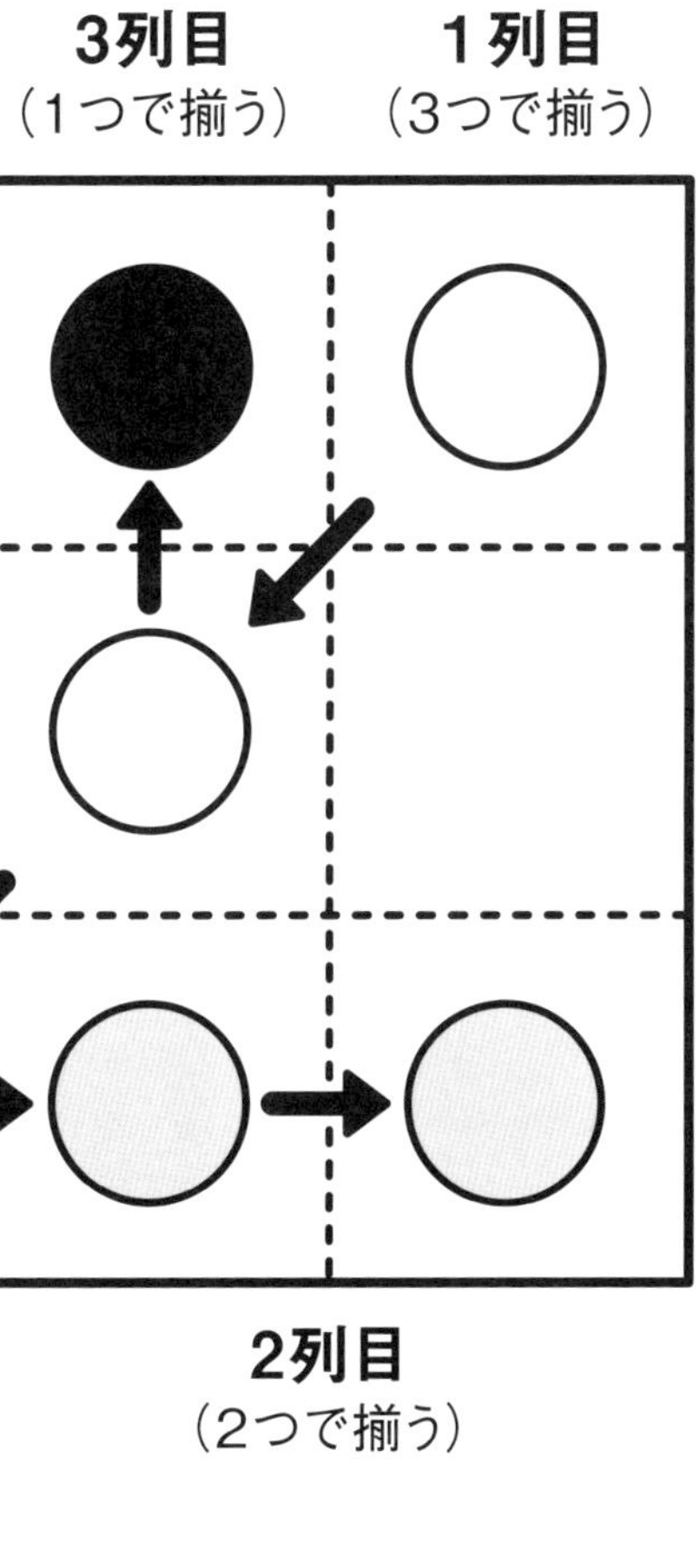

だんだん揃えやすくすることで、
「もっと揃えよう」と思っていただける。

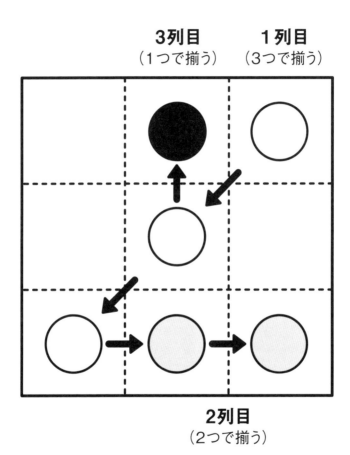

12

実例！ 現時点での最新ネタ

さてもうひとつオマケで、２０１７年12月、現在この原稿を書いている時点での最新のキャンペーンの内容をご紹介します。これはまだ終了していないので結果は出ていませんが、開始早々からお客様がかなりドキドキワクワクされているので大成功すること間違いなしでしょう。その名も**「ファイナル黒ひげアンサー」**。

▼よく知るゲームと、よく知るゲームの合体

「黒ひげ危機一発」というゲームはご存じでしょう。樽に剣を刺していき、樽の中の海賊が飛び出したら負け。単純明快なパーティーグッズです。このままでも面白そうですが、ここにさらに「クイズ＄ミリオネア」の要素をつけ加えました。10年ほど前までテレビでやっていた、「ファイナルアンサー？」でおなじみの、みのもんたさん司会のクイズです。

黒ひげの樽に剣を刺す。刺せば刺すほど景品が豪華になっていく。ただし、黒ひげが飛び出したらゲームオーバー。それまで手にした景品は、特定のもの以外はすべて没収となってしまいます。景品を勝ち取るには、最後までクリアするか、途中で「ドロップアウト」と宣言してリタイアするしかありません。８本目の景品は２万円相当。それがほしければ9本目にチャレンジする前にドロップアウトするのです。９本目は5万円相当。失敗すればゼロ。最後まで行けばこれまでの景品のすべてが手に入る。進むべきか、降りるべきか、天国か、地獄か。ドキドキハラハラワクワク。まさに手に汗握るキャンペーン。

▼みのもんたさんになりきる

黒ひげ危機一発もクイズ＄ミリオネアも、私のサロンのお客様にドンピシャな世代。よく知っているもの同士が融合することで、新たな面白さにつながるのです。ただ、通常の黒ひげは穴が24個あり、ハードルが上がるのと時間がかかることから、ミニサイズの10個穴のものにしました。２万円のお買い物でチャレンジでき、一番下の景品は３００円程度、一番上は約５万円。全部合わせると10万円相当になります。確率は10分の１。もしもあなたがお客様だったら、チャレンジする？ しない？

さあ、ファイナルアンサー？

「ファイナル黒ひげアンサー」

13 キャンペーンの仕様書と注意事項

さてここまで、私のサロンでの代表的なキャンペーンをいくつか紹介してきましたが、何となくキャンペーンというものがつかめてきましたでしょうか？　単なる割引にならないこと。ワクワク感やドキドキ感を追求すること。リピートや物販など「次へ」つながること。そしてもうひとつ大事なのが**「絶対に赤字にならないこと」**。

▼キャンペーンの成功とは？

何をもってキャンペーンの成功とするかはサロンそれぞれですが、少なくともキャンペーン前よりも売上が下がってしまったり、経費がかかりすぎて赤字になってしまったりしては意味がありません。そのあたりは、原価率や当選する確率などを緻密に計算していく必要があります。ちなみに前項で紹介した「ファイナル黒ひげアンサー」、最後まで行けば景品10万円ですが、原価率などを考えると2人にひとりが当選しても赤字にはならない計算です。もちろん、それ以上の当選者が出れば数字上は赤字になってしまうのですが、それでもよいと思っています。赤字になってはいけないのに、なぜ赤字でもよいのか？　それは**「次につながっている」**からです。商品を知っていただく。また買いたいと思っていただく。通いたいと思っていただく。そう思っていただけたとしたら、それは**長い目で見ればプラス**だということです。それこそがキャンペーンの成功なのだと思います。

▼売上よりも大事なこと

そう、ついつい人は大切なことを忘れてしまいがちです。キャンペーンが盛り上がると数字にばかり目が行ってしまいます。もちろん数字は大事です。でも、そこにばかり気が向くとつまらないキャンペーンになってしまいます。それよりも大事なのは「お客様の心の動き」。こうやったらワクワクしてくださるかな？　ドキドキするかな？　ガッカリされるかな？　そこに意識を向けてキャンペーンの内容を微調整することが大切です。

私のサロンでは毎月のようにキャンペーンを行なっています。その上でたどり着いた答え。それは**常に「ワクワク」を考えること**。それこそが、一生通いたいと思っていただく最大の秘訣なのです。

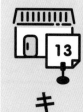

キャンペーンの成功とは

キャンペーン売上も大事。でも、
もっと大切なのは、お客様にワクワクしていただき、
ずっと通い続けていただくこと。

7 章

キャンペーンを生み出す脳内の様子

キャンペーンは誰のため?

6章では、実際に私のサロンで行なったキャンペーン事例を紹介しました。もちろん、包み隠さず書いていますので、そっくりそのまま応用しても反響は得られることと思います。ただ、この書籍の真の目的はキャンペーンを紹介することではなく、本を読まれた方が「自分自身でキャンペーンを創り出せるようになる」ことです。

ですから本章では、どのようにして私が数々のキャンペーンを生み出してきたのか。それを書いてまいります。どうやってヒントを得てどうやって調整し、つくり上げていくのか。じっくりとお読みになり、ぜひ最高のキャンペーンをつくっていただければうれしく思います。

▼キャンペーンづくりの基礎

そのための基礎づくりとして、まずは今一度キャンペーンとは何なのかをおさらいしていきましょう。何のためにキャンペーンをやるのか? 売上を上げるため? もちろんそうです。売上がなければ店は成り立ちません。でも、その売上とは、短期的な目の前の売上のことではありません。**「お客様がワクワクして喜ばれ、ずっと通いたいと思っていただくことによる長期的な売上」**です。そう、売上とはあとからついてくるものなのです。

▼キャンペーンとは「彩(いろどり)」

目先の「売ること」ばかりを考えていたのでは、それはお客様に伝わってしまいます。もちろん、よい商品やよい施術をお伝えすることは大事です。それによってお客様の満足につながるからです。でも、ただお伝えするのではなく、それをスマートに行なう。それがキャンペーンです。スマートとはすなわち**「彩を与える」**ということ。長く通ってくださるお客様にとっては、サロンは日常の一部です。その日常に彩を添える。日々の暮らしが少しでも楽しく、希望に満ちたワクワクするものであるように。そんな思いでつくっていくことが大切です。

キャンペーンとは、決して自分やサロンのためにあるのではない。「さあ、今月はどうやってワクワクしていただこうか?」。常にそんな気持ちで、お客様のためを思いながら毎日の生活に目を向けること。そうすることでたくさんのヒントが舞い込んでくることでしょう。

キャンペーンをつくり、行なうメリット

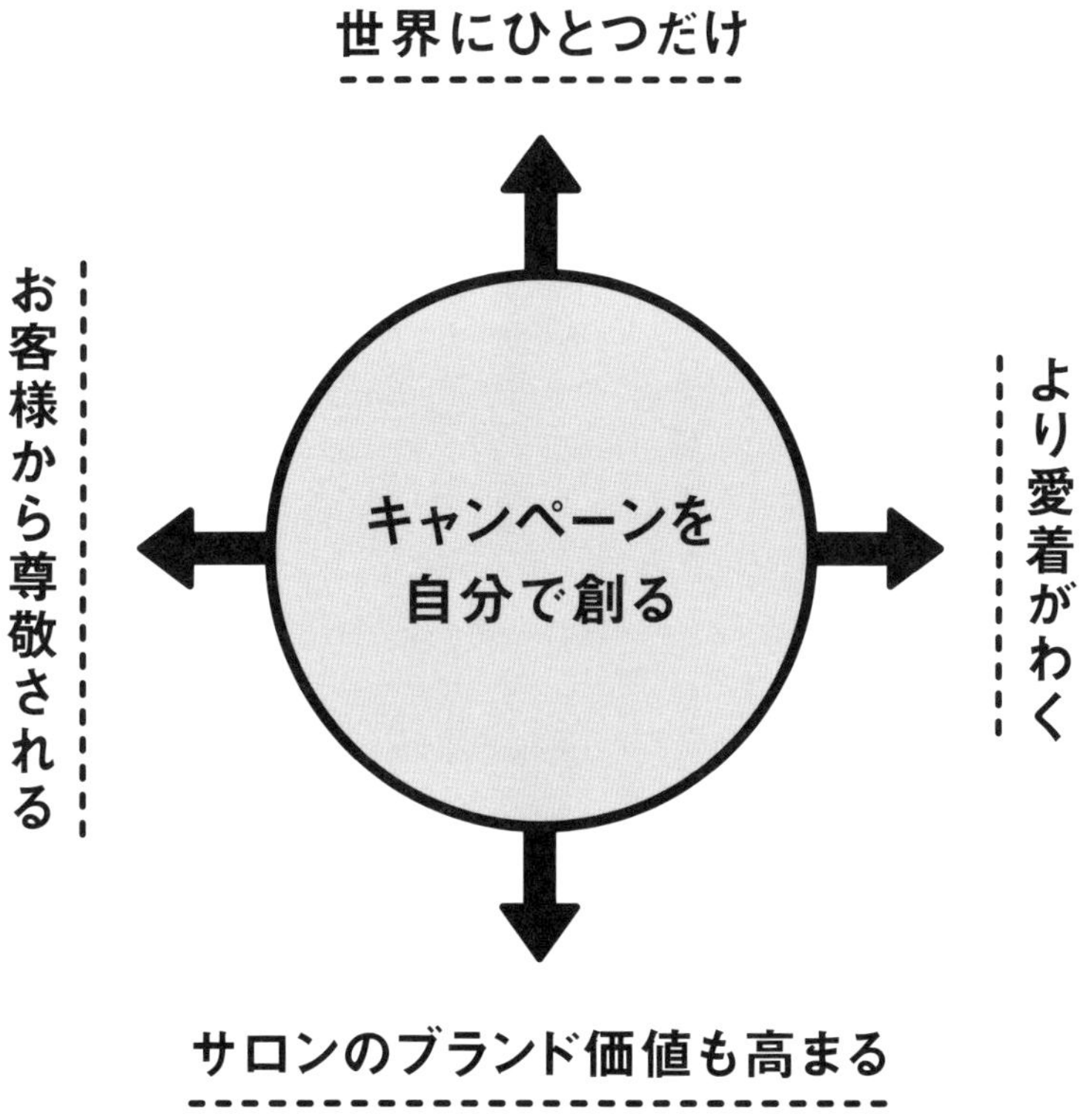

オリジナルのキャンペーンは、サロンの価値を高める。
ゆくゆくは自分で創り出せるようになろう。

2 まずは真似てみる

「守破離」という言葉があります。武道や茶道などの言葉ですが、何事もまずは他人のやり方をそっくり真似てみること。そこから徐々に自分なりのやり方を見つけていき、最終的に自分のオリジナルになっていくというものです。サロン経営やキャンペーンも同じで、いきなりオリジナルのよいものなどなかなかできません。まずは**まわりのうまくいっているものを真似て開催し、実際に感覚や感触をつかむ**こと。それが大事です。

▼誰を真似るか？

本書の6章のキャンペーンを真似るのもよいですし、他店でやっているキャンペーンを拝借するのもよいと思います（もちろん無許可はいけません）。あるいは、商材や機器などのメーカーがキャンペーンのやり方を教えてくれる場合もあります。メーカーにとっても、それを実践して結果が出ることは自社のメリットになりますから、どんどん真似してほしいところでしょう（ただし、メーカーの提案を真似る場合は、そのメーカーの商品で行なってください）。

ここで注意したいのが、あくまで**「成功している事例を真似る」**ことです。成功しているということは、そこには成功している理由があります。もちろん、サロンによって条件は違いますし、やるタイミングによっても結果は変わりますから、必ずしもうまくいかない場合もあります。でも、おおむねうまくいっている事例のほうがヒントとなる要素が多いのも事実。その理由なども分析しながら真似ていくのがよいでしょう。

▼どこを真似るか？

もうひとつ大事なのが、その事例のどこを真似るかです。うまくいくかいかないかは「ほんのわずかな差」であることがほとんどです。そっくりそのまま枠組みだけを真似して失敗したサロンを私はいくつも見ています。「外側でなく、中身を真似ること」

特にこの書籍で何度も言っている**「お客様の心」**の部分に焦点を当てながら真似していけば怖いものはありません。失敗することも減り、どんどん成功へと研ぎ澄まされていくことでしょう。

守破離とは

守	教えや型を忠実に守り、身につける段階
破	徐々に基本を破り、発展する段階
離	型から離れて、オリジナルの個性を発揮する段階

キャンペーンもまずは真似てみるとよいが、
誰のどこを真似るかが大事になってくる。

3 オリジナルは、どうやって生み出すか？

真似からはじめたキャンペーンで徐々に感覚をつかんだら、思い切って新しいキャンペーンをつくるようチャレンジしていきましょう。なぜなら、真似には限りがあります。さらには、どこでも同じことをやりはじめればオリジナリティがなくなり、お客様にも飽きられていってしまいます。「どこにもない、あなたのサロンだけのキャンペーン」こそが、最大限のワクワクを呼び、誰にも負けない強みとなっていくのです。

▼無から生み出す必要はない

さて、とはいえいったい何からはじめればいいのか？恐らくチンプンカンプンなことでしょう。はっきりと言います。それができたら天才です。何もないところからものをつくり出すことなど、よっぽどの人でなければできないでしょう。でも大丈夫。心配することはありません。新しいものは、何も無から生み出す必要はないのです。

例えば前章の「ファイナル黒ひげアンサー」。これは、「黒ひげ危機一発」という既存のおもちゃと、「クイズ$ミリオネア」という既存のクイズ番組の融合です。既存のものと既存のものとを組み合わせて新しいものをつくり出した。それだけのことです。ビンゴゲームもそう。つかみ取りも、私がたまたま買い物に行ったスーパーで「詰め放題」のイベントをやっているのを見て思いついたものです。過去すべてのキャンペーンにおいて、ゼロからつくり出したものなど何ひとつないのです。

▼心のストックを増やす

このように、オリジナルのキャンペーンをつくり出すということは、どれだけ多くの既存のイベントやゲームのストックがあるかということでもあります。**普段からアンテナを立てて、「これ面白いな」と興味を持つこと。**そうすれば、身のまわりのものすべてがヒントになってきます。例えば今、あなたの目の前にあるもの。ボールペンも消しゴムも、時計も電話も。昔遊んだ縄跳びやオセロだって、新しいキャンペーンのヒントになり得るのです。あっ、今こうして書きながらも、私はひとつのヒントが浮かびました。さてあなたはいかがでしょうか。まずはしっかりと心のストックを増やしてください。

身のまわりのものがヒントになる

既存のクイズ

Quiz Show

＋

既存のおもちゃ

Toys

↓

オリジナルのイベント

オリジナルは無から生み出す必要はない。

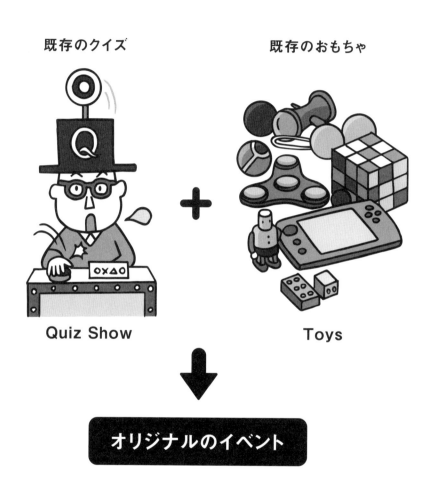

4

「点」から攻めてみる

キャンペーンを生み出すための心のストックが増えてきたら、今度はそれを形に変える作業が必要になってきます。ストックを増やすことが必要だと書きましたが、実はもうすでに、あなたの心の中にはいくつものストックはあるのです。ただ、それを形に変えるやり方を知らないだけ。

▼すでに答えは持っている

人の脳、特に潜在意識の中には、過去の経験のほとんどが記憶として残っていると言います。ところがその記憶のほとんどは思い出されないままでいます。それは、思い出し方を知らないからです。そこに、ある**きっかけを与えることで過去の記憶がよみがえった**という経験があなたにもあるのではないでしょうか。キャンペーンも同じです。

過去にどこかでキャンペーンに出会ったり、イベントに参加したり、ゲームをしたりした経験は誰にでもあると思います。その時の記憶は、あなたの脳の中にしまい込まれています。それが、しまい込まれたままになっている。だからそこに、あるきっかけを与えればいい。

具体的に、どのようにきっかけを与えればよいのか、前章のキャンペーンを例にとって、それが生まれたいきさつをお話してまいりましょう。

▼ビンゴ誕生秘話

私のサロンで過去最高の成功とも言えるキャンペーンの「ビンゴゲーム」。

これは元々、私のサロンの9周年のキャンペーンとして考えられたものです。ギリギリまで、何をやったらよいのかよい案が浮かびませんでした。期限が迫る中、私はうわ言のように何度もつぶやきました。「9周年、9周年、9周年、何をやろうか……」「9周年だから9にちなんだものがいいな。何かないかな?」「9、9、9……」。そうやって考えていると、私の頭の中にあるものが浮かんできました。その数ヶ月前に、ハンバーガーショップでやっていたパズルです。紙にバラバラの写真が載っていて、それを折り紙のように折って組み合わせ、商品の絵柄を揃えればそれがもらえるというもの。

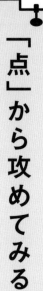

「ビンゴ」の揃っていく感覚が楽しい

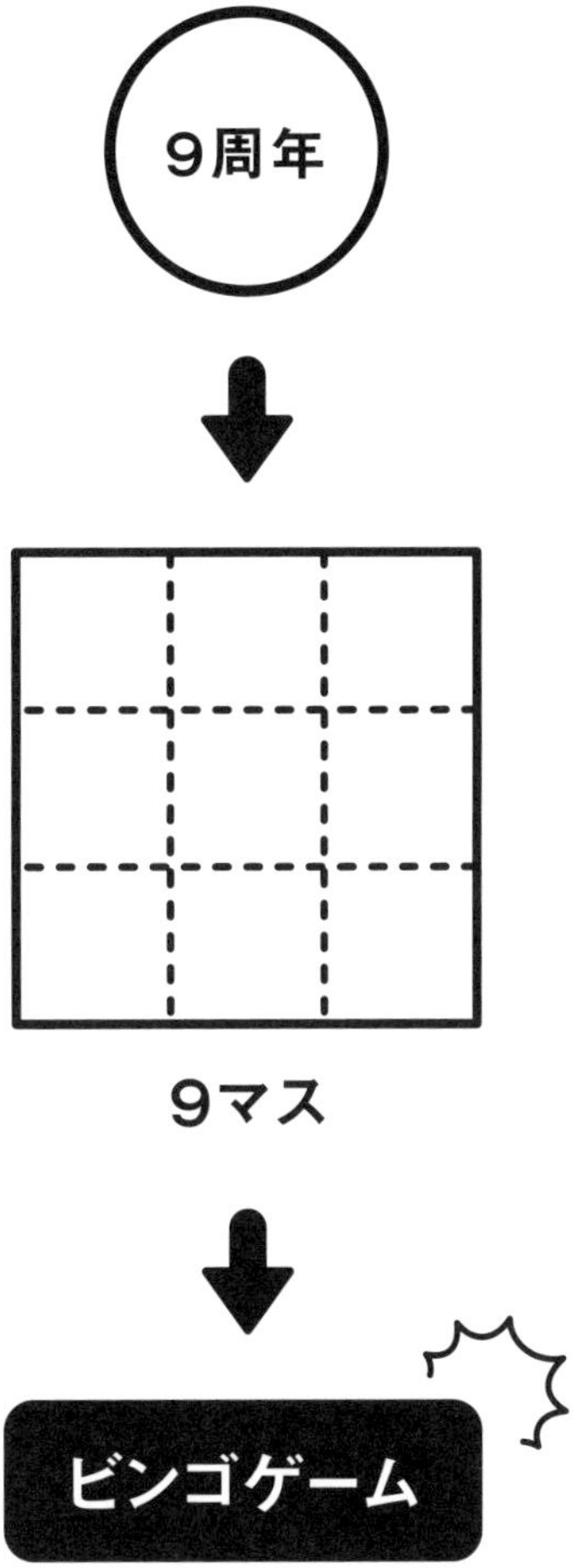

ビンゴゲームの発想は
「9周年」の「9」から生まれた。

パタパタパズルというそうです。そのパズルの9マスの絵柄の映像がパッと浮かんだのです。実際にはそのパズルは9マスではなかったのですが、その映像からビンゴゲームのカードを連想して「9周年。9マスのビンゴ。これはいい！」となったのです。

これは「9」という数字をきっかけにして記憶を呼び覚まし、そこからアイデアを広げていったという事例です。ビンゴゲーム自体は元々記憶の中にあったもの。でも、9という数字がなかったら記憶に埋もれたままになっていたことでしょう。

この「9」などの記憶を呼び覚ますきっかけになるものを準備する。これが大事です。記憶の層は風船やガラスと同じで、面で捉えても破りにくい。針やアイスピックのような「点」で突いてあげることにより突き破りやすくなるのです。

▼「点」から発想の輪を広げる

このように、私がキャンペーンを考える時は数字や単語などの「点」から発想していくことがほとんどです。11周年の時には、「11」から「サッカー」→「ｔｏｔｏくじ」と発想を広げていき、ｔｏｔｏに似せた抽選カードをつくり、これも大いに盛り上がりました。

また、こうして数字にこだわって発想していくことでもうひとつのメリットがあります。前章に書いたおやじギャグや語呂合わせにすることで、お客様の心に引っかかりやすく、かつ記憶に残りやすくなります。

「9周年にちなんで9マスなんですよ」とお伝えすれば、キャンペーンの説得力が増していくわけです。

▼やや失敗の事例

数字にこだわりすぎてやや失敗し、冷や冷やした事例もあります。ビンゴゲームの景品を、9周年にちなみ「1列揃うごとに9千円分のプレゼント」としたわけです。1列揃えるのに3マス必要なので十分利益が出ると安易に考えていたら、5マスで2列、9マスで8列揃ってしまうことに後で気づきました。

9マス揃えた方には7万2千円分のプレゼントです。下手すれば大赤字。内心焦りましたが、結果的にその後のリピートや商品購入につながりプラスになったので、結果はオーライです。

このような失敗も起こるため、企画を練る際には綿密な計算が必要です。**「点で発想し面に広げる」**。**「大胆に発想し緻密に練り上げる」**。お客様がワクワクされる姿を想像しながらそうやって組み上げていけば、誰も考えつかないような最高のキャンペーン企画をつくり上げられることでしょう。答えはあなたの中にあるのです。

キャンペーン成功のカギ

点 で発想し、面に広げる

大胆 に発想し、緻密に練り上げる

記憶は点で突くことで、突き破りやすくなる。
ただし、成功の裏には緻密な計算が必要。

5

楽しくなければ誰も買わない

一点に絞り込んで発想していき、これまでの記憶をアレンジし、お客様にワクワクしていただくことを想像しながら緻密に練り上げる。こうすることでオリジナリティ溢れる魅力的なキャンペーンができあがるのですが、魅力的なキャンペーンができあがることと、それが成功するかどうかはまた別問題です。

▼何をやっても売れない人

過去、私のサロンに、どんなキャンペーンをやってもうまくいかないスタッフがいました。理由を聞くと「他人が考えたキャンペーンは自信を持ってお客様にすすめられない」と言うのです。確かに、せっかくお客様にワクワクしていただこうと思って考えたキャンペーンでも、それをおすすめする側のスタッフが**「やらされている」**と思っていたのではうまくいくわけがありません。どうすればうまくいくようになるか聞いてみると、「自分で考えた企画なら自信を持ってすすめられる」と言うので任せてみることにしました。その結果……、惨敗。

企画内容が悪かったわけではありません。自分自身の最も自信のある施術をアレンジした企画です。本人は、「これなら自信を持っておすすめできるので反響があるはず」と自信満々で話していました。でも、それを受けるお客様はほとんどいませんでした。

▼売れない原因

これには、ふたつの原因がありました。まずは本人が自分で考えたにもかかわらず、結局は「考えるよう指示された＝やらされた」と考えてしまったこと。もうひとつは**「自分の得意な施術」を追求した結果、そこにお客様の存在がなくなってしまっていた**ということです。お客様のことを考えないキャンペーンは決してうまくいきません。本人がつまらないと思っているキャンペーンも決してうまくいきません。「売上のためにやらされている。やらなきゃ」。そう思いつつ、結局はおすすめすることから逃げてしまっているだけかもしれません。

本当にお客様のためを思ったら、ワクワクしてくるはずです。伝えたくてウズウズしてくるはずです。**「自分よりもお客様」**。その考えこそが成功のカギなのです。

自分自身が楽しまなければ、キャンペーンはうまくいかない

うまくいく人

どんなものでも
面白いと思える

↓

やらせてもらえている
と考える

↓

お客様に目が向いている

うまくいかない人

他人が考えたものは
つまらないと思ってしまう

↓

売上のために
やらされていると考える

↓

自分のことに
目が向いている

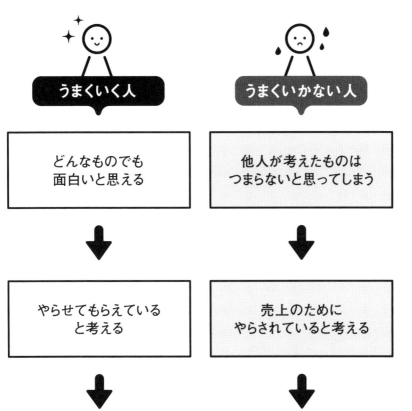

6 キャンペーンの具体的な売り方

できあがった魅力的なキャンペーンを成功させるために、どのように売っていけばいいのか。実は、これほど手をかけて考え出しているキャンペーンですが、私のサロンではそれを、ホームページでほとんど告知していません。その理由と共に、実際に私のサロンで行なっている具体的なキャンペーンの販促方法をお伝えします。

▼なぜ公に告知をしないのか？

キャンペーンの目的は大きくふたつあると思います。「集客キャンペーン」と「販促キャンペーン」です。私が本書でお伝えしているのは、集客キャンペーンではなく既存のお客様に喜んでいただくもの。どちらかというと販促キャンペーンに近いものです。キャンペーンによって集客しようというものではありません。というよりも、いきなり「ビンゴ」や「みのもんたさん」などと言われても、新規の方はピンと来ないでしょう。エステを探している新規の方のニーズは「きれいになること」や「癒されること」。この時点ではまだ心の中の本当の望みに気づいていない状態です。**来店され、施術を受け、心を開いて初めて自分の本当の望みに気づくのです。**

ですから、本当の望み「ワクワク」を求めている常連様に絞り込んで告知をしていく。そうすることで、キャンペーン自体も成功しやすくなっていきます。

▼具体的な告知方法

では、どのようにして常連様に告知するか？　私のサロンで使用しているツールはこちらです。

・ブログ
・メルマガ
・会報誌（ニュースレター）
・店内ＰＯＰ

ブログは公に公開しているものですが、私の場合、ブログ自体が集客ではなく常連様への発信源という位置づけのため、活用することも多いです。ブログに載せる際の注意点は、「特定のひとりの方に向けて書くこと」「**宣伝ではなくイベントとして楽しさを伝えること**」です。楽しそうな雰囲気が伝われば、お客様も楽しみにご来店してくださるようになります。

エステに通うお客様が求めているもの

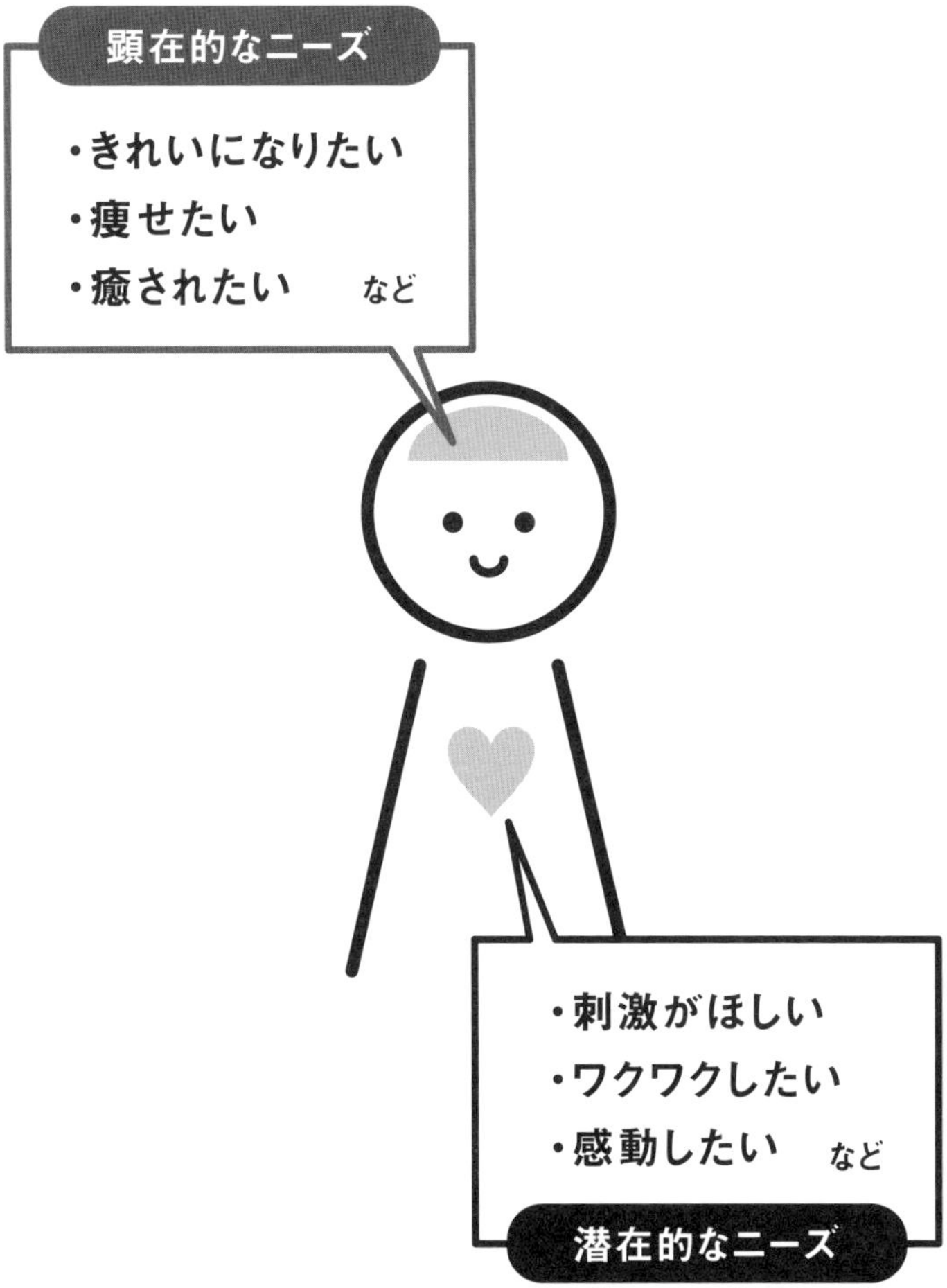

新規のお客様は、来店される前は顕在的なニーズにしか気づいていない。サロンに通い、心を開くことで本当の望み（潜在的なニーズ）に気づいていく。

メルマガの使い方もひと工夫必要です。全会員様に一斉に送ることもできますが、あえて**特定のお客様だけに「先行案内」としてお送りする**ことで、そのお客様の喜びや受けてくださる率が上がります。特定のお客様とはもちろん、サロンの上位顧客の方です。

また、メルマガは長文だと精読率が下がり、画像なども載せにくいので、なるべく短めの文章にまとめて「続きはブログで」とURLを貼って誘導するのもよいでしょう。LINE@やアプリを活用されているサロンは、さらに精読率が上がって有効です。

次に**ニュースレター**。実は私のサロンのキャンペーン告知のメインとなるのはこれです。特定のお客様70名ぐらいの方に郵送で送るのですが、**紙というのはメールに比べ読んでくださりやすい**ようです。一度の送付で70万円ほどの売上につながることもあります。ぜひ導入されることをおすすめしますが、難しい場合はブログやPOPをフル活用しましょう。

このニュースレター。実はあまり告知や宣伝をするのはよくないと言われています。「なんだ宣伝のDMか」と思われて、読んでいただけなくなる可能性があるからです。でも、私のサロンではバンバン載せています。なぜかというとわかりますね？　キャンペーンは売り込みではなく、「お客様にワクワクしていただくイベント」だからです。

最後に**店内POP**。キャンペーンの内容を書いたお知らせを、**お客様の目の留まりやすい場所に貼る**ことで興味を示してくださりやすくなります。「あ、これがブログやニュースレターに載っていたやつね」とお客様のほうから言っていただけることも多く、キャンペーンを受けてくださる可能性もぐんと上がります。

▼それぞれの持ち味を活かす

これらの告知方法、ブログはお客様のほうから見に来る「プル型」と呼ばれるもの。メルマガはこちらから押す「プッシュ型」。ニュースレターは自宅まで届くプッシュ型。店内POPはプル型ですが、スタッフが話をする際のツールにもなります。このそれぞれの**持ち味を活かしお客様の目に触れる頻度を増す**ことで、キャンペーンは成功しやすくなります。

大事なのは、**告知をひとつのツールだけに頼らないこと**。POPだけや口頭のおすすめだけではお客様も興味を持ちにくく、反応もあまりないでしょう。複数で告知し、これらを連動させることによって効果も上がっていくのです。

キャンペーンを告知する方法

ツール	ポイント	型
ブログ	新規集客のためではなく、特定のお客様に向けて写真つきで楽しそうに書くのがコツ	PULL型
メルマガ	長文は避けて、ブログ等に誘導するのも有効。LINE@やアプリだとさらに◎	PUSH型
ニュースレター	上顧客の方に郵送で送るのがコツ。敷居は高いが、ぜひ活用してほしいツール	踏み込んだPUSH型
店内POP	見やすく、わかりやすく、目立つように。接客時に口頭でおすすめするツールとしても役立つ	PULL型とPUSH型の合わせ技

告知をする際は、単体で行なうのではなく、なるべく多くのツールを連動させて行なうのがポイント。

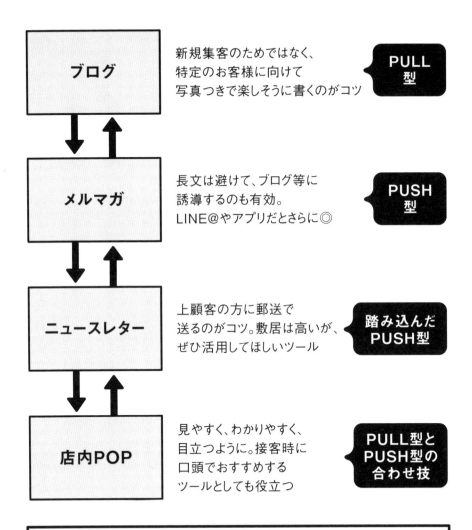

7 趣味も遊びも日常も、至るところにヒントだらけ

ワクワクを伝えたくてウズウズする。そんな気持ちでキャンペーンをつくれたら、きっとお客様にも伝わることでしょう。どこに行ってもヒントの山、毎日が新しい発見の連続になります。趣味も遊びも日常も、至るところがお客様のワクワクにつながっているのです。

▼遊びながらも仕事、仕事しながらも遊び

スーツ売り場で「2着目100円」の貼り紙を見て、私は「だんだん安くなるブライダルメニュー」を考えました。3色ボールペンを見て、「オプションメニューのチケット」を思いつきました。ファミレスのサラダバーを見て「オプションフリーパス」を思いつきました。ディズニーランドでバースデーキャンペーンを思いつき、ホテルのガウンを着てVIP客への特別サービスを思いつく。映画館、河原でのキャンプ、ジョギング、自転車、電器店。すべてがメニューやキャンペーンの発想のヒントにつながっています。

どこに行っても仕事のことを考えているように見えるので、「疲れませんか?」と聞かれることもありますが、そんなことはありません。むしろ、皆が仕事だと考えていること自体が、私にとって遊びのような感覚なのです。

▼思い切って飛び出してみる

サロンをオープンしてから軌道に乗るまでの数年間、私たち夫婦は休むことなく働いていました。朝の9時から夜11時まで、休憩時間もなく週に7日間。休みと言えば正月の三が日だけ。年間5千時間、日本人の平均労働時間の2倍以上です。毎日が家と仕事場との往復だけで、家には寝に帰るだけのような生活。身体はボロボロになりながらも、必死になって働きました。

このように書くと美談ですが、今になって思えば、あの頃はなかなか新しい発想など浮かびませんでした。当然です。職場と家以外どこにも行っていないのですから。

もしもアイデアに詰まったら、サロンを離れて遊びに行くのもよいと思います。思い切り贅沢してみるのもよいと思います。きっとそこで、とびきりの宝が見つかることでしょう。あなたにはすでにワクワクのアンテナが立っているのですから。

サロン以外の場所でヒントを見つける

ワクワクのアンテナが立てば、
身のまわりのすべてがヒントになる。

8 こと細かに妄想する

アイデアの出し方がわかったら、次はそれを完成されたキャンペーンとして組み上げる作業です。

▼綿密に想定する

「大胆に発想し、緻密に練り上げる」と先ほど書いた通り、細かいところまで計算をしていかないと思わぬところで落とし穴があったりします。ビンゴゲームの景品9千円もその一例と言えるでしょう。かかる経費、当選確率、何をその後につなげるか、有効期限はいつまでか、人数限定にするのか、条件や注意事項は？　等々、実際にキャンペーンを開催した時を想定して、起こり得るトラブルなども事前に回避しておく必要があります。トラブルが起これぱかえって信用をなくしてしまうこともありますから、ここでは緻密で細心の注意が必要です。一つひとつ順番に練り上げていきましょう。

練り上げる際、もうひとつ大事なことがあります。それは、前の項でも書いた**「そこにお客様がいること」**。

このお客様はどんな商品がほしいだろうか？　どんなことをすれば喜んでくださるだろうか？　以前何を買われただろう？　今現在のお悩みは何だろう？　等々、ただひとりで構いません。あなたのサロンで最も大切なお客様。その方の顔を思い浮かべながら、「ここで驚く」「ここでドキドキする」「ここでワクワクする」「最高の笑顔になる」などと、一つひとつこと細かに妄想していくのです。想像ではありません。妄想です。

妄想というと一般的には悪い意味に使われることが多いですが、それほどまでに熱狂的に思うことで、不思議なほど実際にキャンペーンを行なった時の様子が見えてくるようになります。映像として目に浮かぶぐらいにまで思い描く。そうしてつくり上げたものはあなたの脳の中で確信となり、実現できるのです。

▼たったひとりで大成功

少し大げさなように書きましたが、キャンペーンをつくる上でお客様の心理状態を読みながら考えていくのはとても重要なことです。大勢のお客様が喜ばれなかったとしても、たったひとりの最も大切なお客様が心から喜ばれたとしたら、それは大成功と言えるのです。

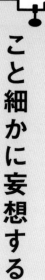

緻密な計画が大切

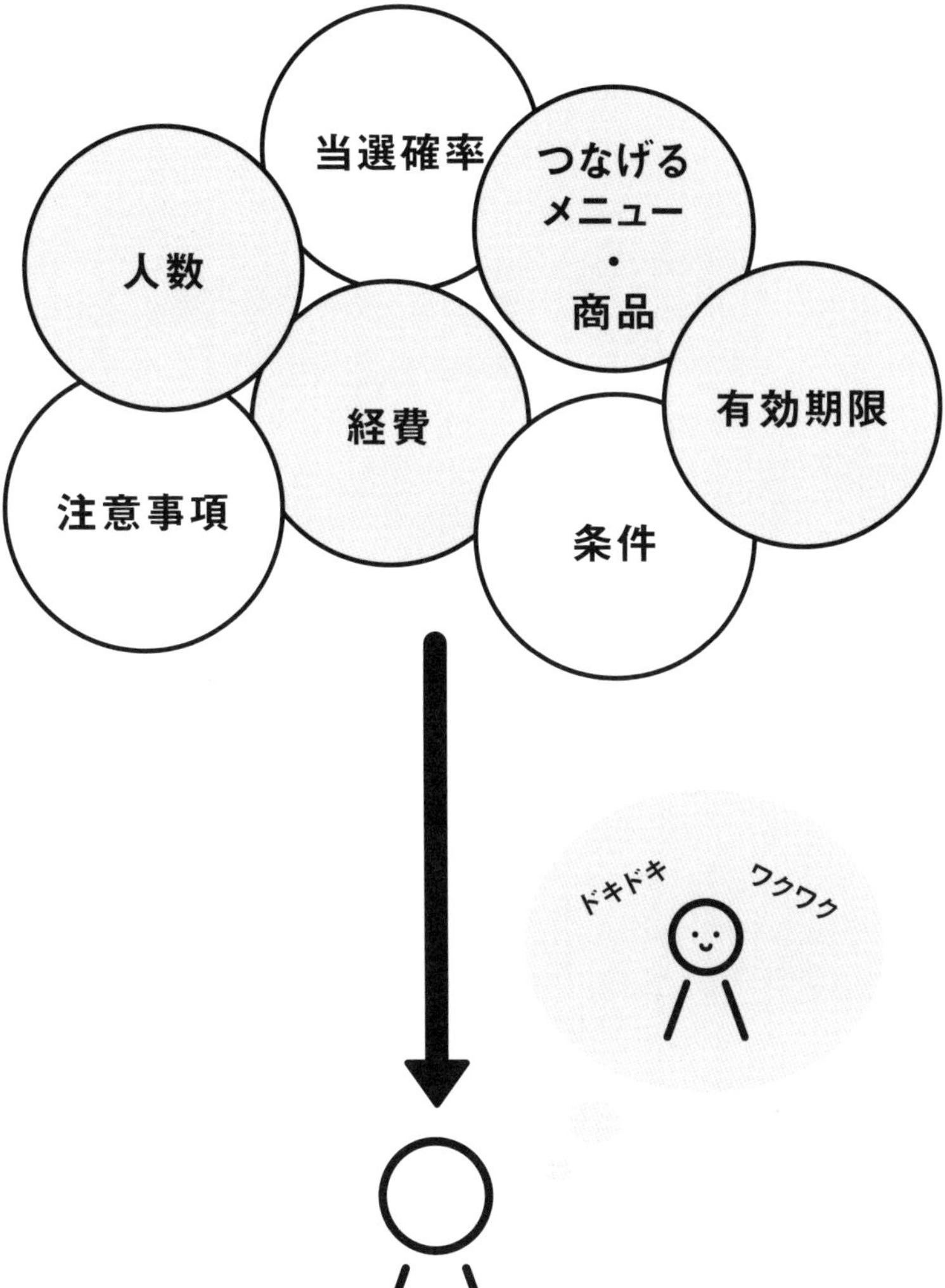

最も大切なお客様の顔を思い浮かべながら、
こと細かに練り上げていく

9 大抵は失敗する。それでもいいじゃないか

お客様にワクワクしていただき、ずっと通い続けていただくために、とっておきのキャンペーンのつくり方を書いてきましたが、ここまで読んであなたは、キャンペーンをつくりたいと思ったでしょうか。それとも「なるほど」と思っただけでしょうか。

世の中は面白いもので、たくさんの本を読んでいる人よりも一冊しか読んでいない人のほうが、なぜか結果が出るということがよくあります。ひとつのセミナーにしか参加していない人のほうが結果が出ているという話もよく聞きます。その理由はいくつかありますが、実は、どれだけ本を読んだかではなく**「どれだけ行動したか」**が大事なのだということ。本を読んだだけ、セミナーを受けただけで満足してしまう人がいますが、行動しなくては決して結果が出ることはありません。

▼怖いのは当たり前

ただ、人というのはどうしても本能的に変わることを恐れる生き物。それは生存本能なのだそうです。生きていくために現状をなるべく変えたくない。そうした本能が、「うまくいかなかったらどうしよう」という気持ちとして現われ、行動を拒んでしまうのです。

はっきり申し上げます。

どんなに注意深く練り、よいキャンペーンをつくり上げても、大抵は失敗します。だから安心してください。

失敗するから安心してくださいと言うのも変ですが、変に「成功しなければ」と考えてしまうから失敗を恐れて行動できなくなってしまうのです。

▼だから今がある

行動しなければ何も変わりません。行動すれば「うまくいったか」「いかなかったか」のどちらかの答えが出ます。うまくいかなければ、次にうまくいくためのヒントが得られます。確実に一歩前進しているということなのです。だから、安心して失敗してください。失敗を楽しんでください。私も、100以上のキャンペーンを行なってきて、成功したものもあれば失敗したものもあります。むしろ失敗したもののほうが多いでしょう。

でも、その失敗があるから今があるのです。

失敗を恐れない

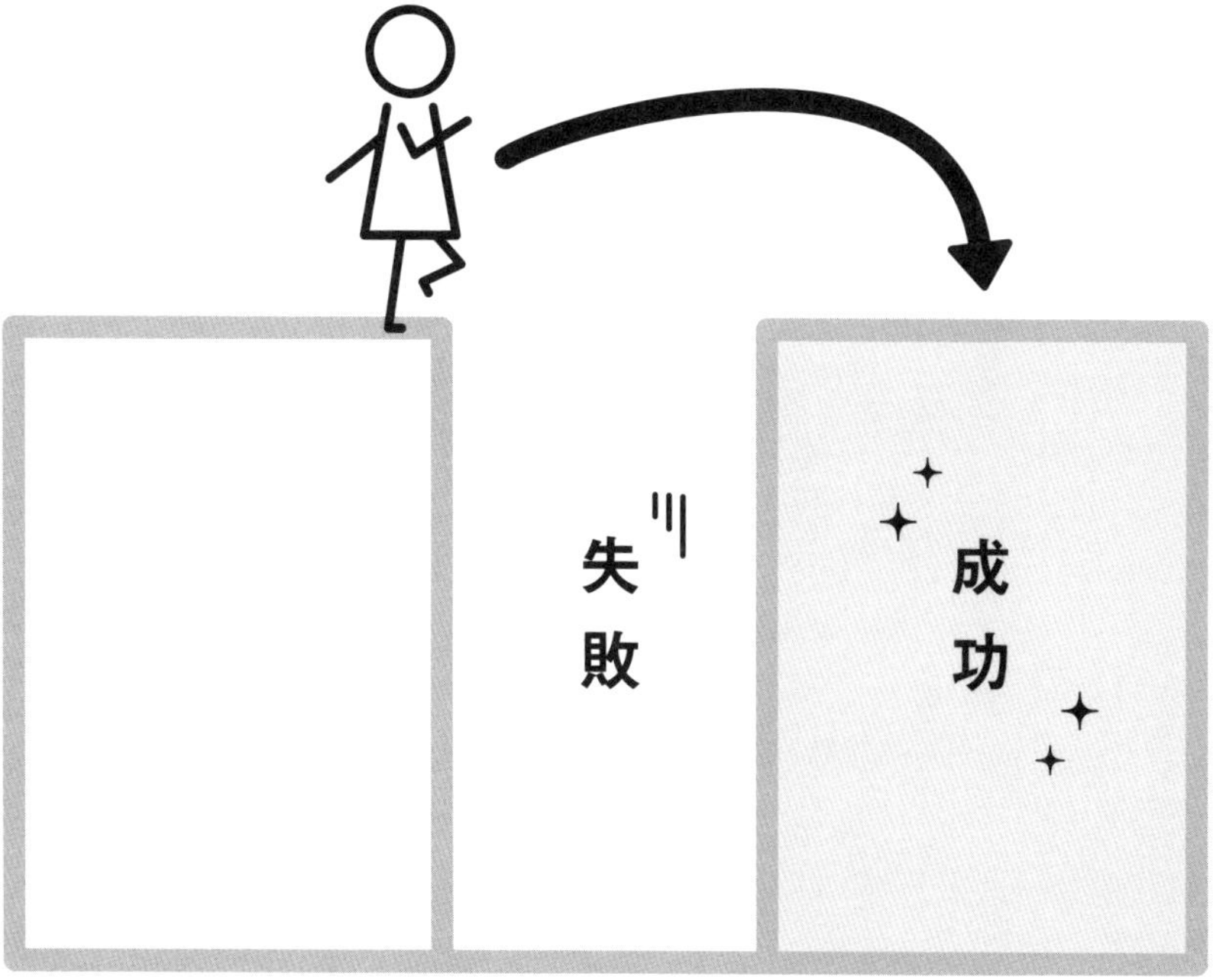

失敗を恐れずに踏み出さなければ、
成功には届かない。

10

ワクワクが次のワクワクを呼ぶ

人間には「変わりたくない」という本能があり、無意識に変わることを恐れると書きましたが、もうひとつの本能もあります。「変わりたい」という本能です。

▼3つの脳

これは脳科学やNLP分野の私の恩師、金光サリィさんに教わった話ですが、人間の脳内には「爬虫類脳（脳幹、視床下部）」「哺乳類脳（大脳辺縁系）」「人間脳（大脳皮質）」の3つがあるそうです。「変わりたくない」という生存本能は爬虫類脳。それとは逆に「もっと発展したい」「変化したい」と願うのが人間脳だそうです。

とても面白い話です。人はひとりの脳の中で「変わりたい」という脳と「変わりたくない」という脳が常に引っ張り合っているということなのです。確かに自分でも、ふたつの心が葛藤しているのを感じたことがあります。

ここで「変わりたくない脳」が勝ってしまえばサロンでの発展は見込めません。ではどうすればよいのか。

それを左右するのが真ん中の「哺乳類脳」です。

哺乳類脳は**「つらいか」「楽しいか」を判断している**部分。哺乳類脳がつらいと判断すれば爬虫類脳が有利になって守りに入る。楽しいと判断すれば人間脳が有利になって行動的になる、という仕組みです。

つまり、これからキャンペーンを通してお客様に喜んでいただくために行動していくには、「いかにワクワクできるか」が大切になってくるということなのです。

▼ワクワクの連鎖

・お客様のワクワクする顔を想像する
・自分自身がワクワクする
・キャンペーンを行なってお客様がワクワクする
・それを見て自分もワクワクする
・もっとお客様に喜んでいただきたいとワクワクする
・もっとワクワクするキャンペーンを考える

ずっとこの連鎖です。私たちが11年にわたって100回以上もキャンペーンをやり続けられたのは、まさにこのワクワクの連鎖でしかありません。**ワクワクが次のワクワクを呼ぶ**のです。さあ、あなたもこの素晴らしいワクワクの一歩を踏み出しましょう！

変わるためにはワクワクが重要

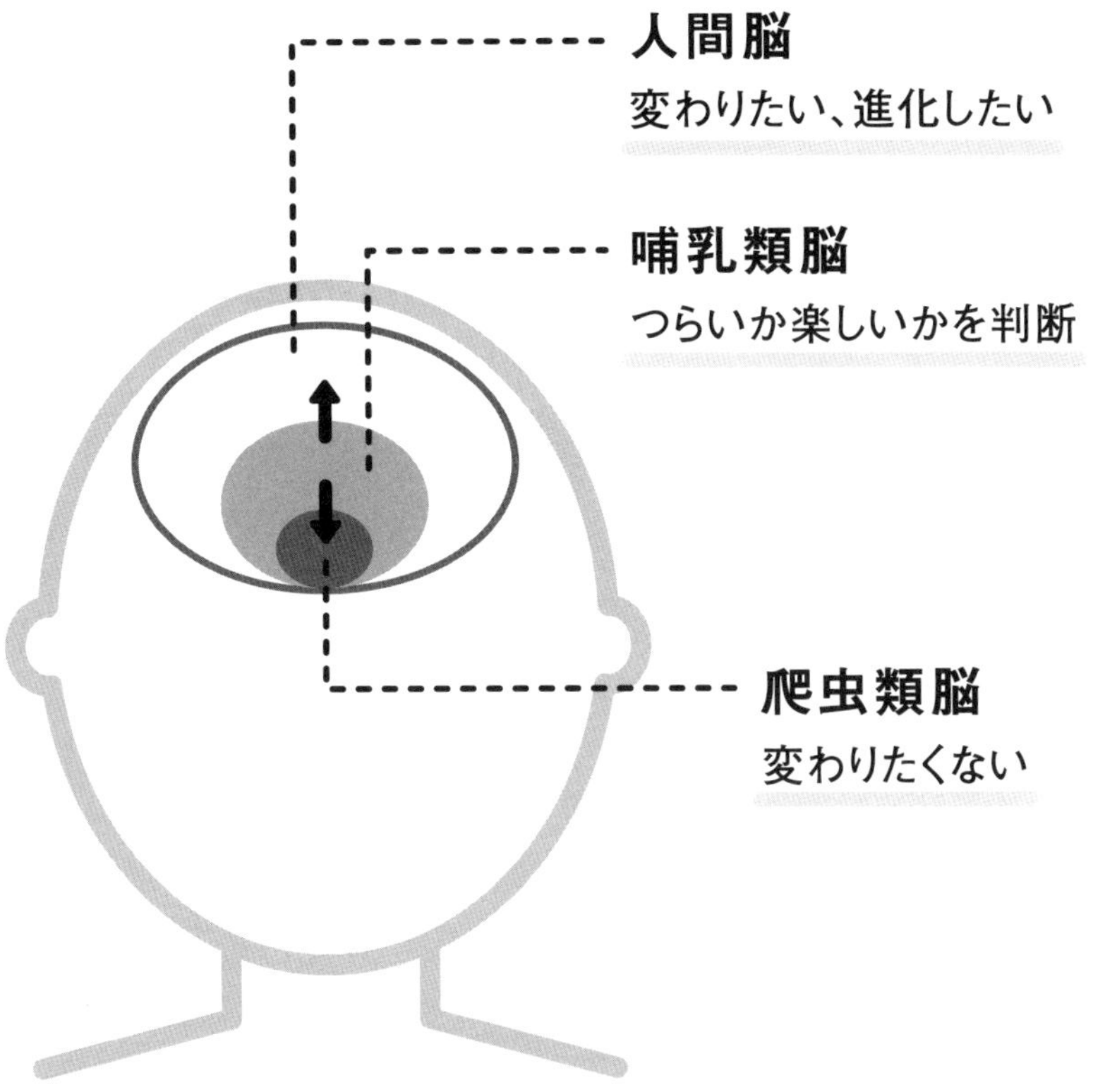

哺乳類脳が「楽しい」と思うことで
人はその先へと進化できる。

8 章

だからあなたは幸せになる

1 幸せはあきらめなくていい

▼普通の幸せ

私たち夫婦がサロンをオープンした時、「独立には犠牲が伴う」という言葉をよく耳にしました。

オープン当初は売上も上がらず、私生活の時間を削ってサロンに費やしてきました。

サロンが軌道に乗りはじめると、金銭的には余裕が出てきたものの今度は時間に追われる日々。

無我夢中で楽しい毎日でしたが、自由な時間はほとんどなく、普通の人としての喜び、親になる喜び、そんな、ごく普通の多くの幸せを犠牲にしてきた気がします。

開業から7年目。サロンをやりながら子どもを産み、育てることなど夢のまた夢だと、そう思っていました。

まわりを見ても、結婚をあきらめていたり、子どもをあきらめてしまっていたり、妊娠したことでサロンをあきらめてしまう方もいらっしゃいました。

それが普通だと思っていたのです。

でも、そうではないと思ったのです。サロンを開業し経営していくために、人としての幸せをあきらめなければならないのか。それが現実なのか。

「きっとどこかに答えはあるはず」

そう思い、探し続けた結果が今なのだと思います。

▼幸せの答え

幸せの形は人それぞれ違います。サロンを経営しながら子育てをして平凡な家庭を築く。それを幸せだと思わない方もいるでしょう。それ以上の幸せを感じている方もいることでしょう。でも、もしもあなたがサロンを経営する上で、自分が望んでいる何らかの幸せをあきらめてしまっているのだとしたら、**もっと欲張りになってていいと私は思います。もっと貪欲に自分の幸せを追い求めてもいいと私は思います。**

サロンを経営しながら小さな幸せも手にするには……。7年かけて探し続けた、これが私の答えです。

「お客様にワクワクして喜んでいただくこと」

「ずっとずっと、一生通い続けていただくこと」

あなたは幸せをあきらめなくていい。お客様と同じようにあなた自身も幸せになってください。

あなたの幸せをあきらめなくていい

サロン経営と幸せを天秤にかける必要はない。
どちらも手にすればよい。

2 失敗から学んだこと

私たちが幸せになるために。

お客様に幸せになっていただくために。

これまで多くの失敗をしてきました。

落ち込んだり、苦しんだり、自分に腹を立てたり。失敗するたびに、これまで築き上げてきたすべてのものが崩れ落ちるような、そんな気持ちに苛まれました。

「もしもあの時、失敗していなかったらどうなっていただろう」。時々ふと、そう思うことがあります。失敗していなかったら、もっと発展していたのだろうか。もっと素晴らしい未来が待っていたのだろうか。

いくら考えても、そこに答えは見つかりませんでした。

▼想像できない未来

先日、サロンオーナーの方たちと数名で、マレーシアのペナン島でセミナーの合宿を行ないました。店を一週間も空けて海外に出かける。数年前には想像もできなかったことです。一緒に参加されたオーナーの中にも、ほんの数年前まで店をつぶそうかどうか悩んでいた方がいらっしゃいました。「まさかこんな未来が待っているなんて」。私と同じような言葉を口にしていました。

それ以外にも、多くの失敗をし、つぶれる寸前までいきながら、その後大きな発展を遂げた方を私は何人も見てきています。そんな方々すべてに共通していること。

それは**「それでも行動し続けた」**ということ。

失敗しても、失敗しても、あきらめず、そこから学びバネに変え行動し続ける。もしもそこで動きを止めていたら、それは失敗のままで終わっていたことでしょう。でもあきらめなかった。幸せをあきらめなかった。

だからこそ、その失敗から学び、失敗が糧となり研ぎ澄まされ、大きな発展へとつながる礎となったのです。

▼メッセージ

もしも今、サロンの経営に失敗し悩んでいる人がいるとしたら、10年前の私だったらやめておけと言ったかもしれません。でも今ならこう答えます。

「ここがチャンスだ」と……。

今ここから、この一歩から、あなたの大逆転ははじまるのです。未来へ向けて。

失敗からはじまる

失敗はチャンス。
行動の先に、想像もできない未来が待っている。

3 あなたが道をつくる

▼すごい人

私は、36歳の時にこの業界に入りました。

それまでは飲食店や会社に勤めていて、独立して店を持とうなどとは考えもしませんでした。勤め先がつぶれて職を失った時も、一所懸命に次の職を探していたほどです。独立しようという発想自体がなかったのです。

なかなか職が見つからず、止むに止まれぬ形で店を開業した私。そんな私がこの業界に入ってきて、正直すごいと思ったことがあるのです。それは「あなた」です。

・自分の意志で、独立して店を持とうと思った
・自分で自分の道を切り開こうと思った
・開業するという大きな決断をして、店を開いた

普通のことだと思っていますか？　当たり前だと思っていますか？　でも私からしたら、これほどすごいことはありません。あなたの学生時代の友人に、独立開業している人は何人いるでしょう。それほど多くはないのではないでしょうか。独立したくても勇気がなくてできていない人も多いのではないでしょうか。

▼あなた

でもあなたは違った。

自らの意志を持って、大いなる決断をして、勇気ある第一歩を踏み出した。その結果、今があるわけです。

だから、そんな自分を褒めてほしい。

もっともっと、自信を持ってほしい。

この先、どんな困難や障害が襲ってきたとしても、最後の最後まで自分を信じてほしい。

「できる」「必ず乗り越えられる」。あなたが心からそう自分に言えるようになれば、私からはもう何も伝えることはありません。

あなたが踏み出した一歩は何よりも偉大な一歩。

あなたがこれから歩いた後に、道ができるのです。

あなたに出会えたお客様は、きっと幸せだと思います。

さらにさらに、あなたのお客様にワクワクしていただけますように。

あなたのサロンに、一生通い続けたいと思っていただけますように。

あなたが踏み出した後に道はできる

おわりに

最後までお読みいただき、ありがとうございました。何か少しでも、実践できることや勇気づけられることを見つけてくださったなら、とてもうれしく思います。

さて、今回5冊目の出版を迎えるにあたり、改めて感じたことがあります。

元々この業界に未経験で、特別な力もない私がこうして何冊もの書籍を出すことができたこと。これは決して私の力ではなく、まわりの方々の支えがなければとても成し遂げられないものでした。私事ですが、この場を借りてお礼を言わせてください。

サロンの売上をどん底から這い上がらせることができたのは、私に顧客の大切さを教えてくださった高田靖久さんのおかげです。もしもあなたがいなかったら、あなたのセミナーと書籍に出会わなかったら、とうの昔に私のサロンはつぶれていたことでしょう。

また、1冊目の書籍を出すことができていなければ、2冊目も3冊目もこの書籍もありませんでした。米満和彦さん、平野友朗さん、中野貴史さん。今も心から感謝しています。

私の教えを日本中のサロンさんに広めてくださっている協会認定講師の方々。あなた方のおかげで、幸せなサロンさんが増えていっていることをとても感謝しています。

執筆やセミナーでサロンを空けている間も、サロンを支え素晴らしい結果を出してくれるスタッフたち。いつもありがとう。さらなる発展をめざして楽しんでいきましょう！

本書を出版してくださった同文舘出版の方々と編集の津川さん。今回、2冊同時発売という快挙を成し遂げられたのも皆様のおかげです。心から感謝します。

それ以外にもお礼を伝えたい方はたくさんいますが、紙面の都合で割愛しなくてはならないことが悔しいです。皆様、本当にありがとうございます。

2016年4月。新しい命が誕生しました。命名　華澄美。我が家の二人目の子です。小さくてすぐにでも壊れそうな体。日々成長する姿を見ていて、私はサロンが誕生したばかりの頃を思い出していました。

子どもはあきらめることを知りません。寝返り、ハイハイ、つかまり立ち。何度も何度もチャレンジし、徐々に、そして確実に成長していきます。あの頃、もしもあきらめていたら、今サロンはなかった。こんな小さな体の我が子が、そんな大切なことを教えてくれます。兄の詞音と二人で笑い合う姿を見るのが毎日の生き甲斐です。生まれてきてくれてありがとう！　私たちを親に選んでくれてありがとう！

◎感謝

何のために生まれてきたのだろう。
30代の頃まで私はずっと、そう思ってきました。
自分にいったい何の価値があるのか。
そう思いながら、毎日をただ生きてきました。
エステに出会い、たくさんのお客様の笑顔を目にし、
時に笑い、時に傷つき、悩みながら手にしてきたもの。
それが1冊の書籍という形になり、
もしかしたら知らない場所にいる、知らない誰かの傷を癒したり、
励まし、勇気ある一歩を踏み出す力になれるかもしれないこと。
そんな生きていく価値を与えられたことに、心から感謝いたします。
そしてその価値を与え、こんな私をずっと支え続けてくれたのは、
他でもない、妻でした。
サロンを、お客様を、多くのサロンさんを、
そして家族を支えてくれてありがとう。
私は、あなたによって命を与えられました。

最後に、そんな妻や私を産んでくれた四人の両親と、本書を読んでくださった皆様に最大限の感謝を捧げて筆を置きます。

お客様に「一生通いたい」と思っていただけますように。

2018年3月

向井邦雄

著者 向井邦雄からのプレゼントとお知らせ

■ **本書をお読みいただいた方への特典ダウンロードページ（無料）**
「本書に掲載されているPOPカラーデータ」
「販促に欠かせない『カウンセリング』極意書」

https://rising-rose.com/n/

■ **最新情報をお届け　向井邦雄メルマガ**

https://rising-rose.com/m/

■ **向井邦雄 公式LINE**

■ **日々の経営ヒント　向井邦雄 Facebook**

https://www.facebook.com/KunioMukai

■ **サロンの支援　一般社団法人日本サロンマネジメント協会**

https://www.salon.or.jp/

■ **既刊本**（いずれも同文舘出版）

2018年4月発行

エステ・アロマ・ネイルの癒しサロンをはじめよう
最新版　お客様がずっと通いたくなる
小さなサロンのつくり方

覚えやすい店名のつけ方、オープン前の集客方法、割引券に対する正しい認識、お客様との信頼関係を築くツールのつくり方……など、小さなサロンだからできる売上アップのノウハウを惜しみなく解説。ロングセラーの増補最新版

本体 1,800円

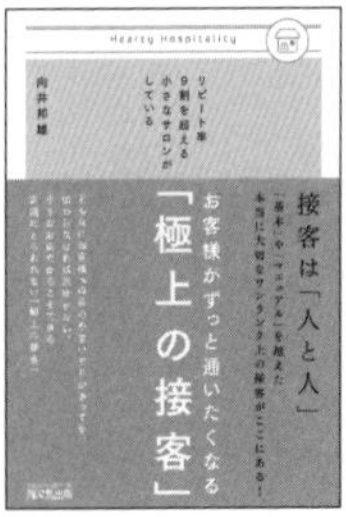

2013年12月発行

リピート率9割を超える小さなサロンがしている
お客様がずっと通いたくなる
「極上の接客」

接客は「人と人」。「基本」や「マニュアル」を越えた本当に大切なワンランク上の接客がここにある！　どんなにお客様への真心や思いやりがあっても、伝わらなければ意味がない。常識にとらわれない「極上の接客」とは

本体 1,400円

著者略歴

向井　邦雄（むかい　くにお）

一般社団法人日本サロンマネジメント協会 代表理事
株式会社ライジングローズ 代表取締役
サロン経営、講師、サロンコンサルタント、NLPプラクティショナー

2006年、夫婦でエステサロン「ロズまり」を開く。未経験ながらも、4年で売上7.5倍、10年で20.1倍、リピート率98%と、揺らぐことのない右肩上がりの経営を続けている。2011年4月、そのノウハウを余すところなく記した処女作『お客様がずっと通いたくなる小さなサロンのつくり方』が、ネット書店アマゾンでビジネス書部門1位、増刷19刷のロングセラーとなる。2013年12月に刊行した2冊目の著書『お客様がずっと通いたくなる「極上の接客」』（共に同文舘出版）も増刷14刷を超える。現在は、カウンセリングの認定資格講座「フェイシャルカウンセラー認定資格講座」や「小顔筋艶肌フェイシャル技術講習」、「サロン経営者向けのNLP講習」、経営セミナー等で、1200以上ものサロンさんを支援し、日本中を奔走している。

講演実績
○幕張メッセ　国際化粧品展　メインステージ講演　2020年1月
○アロマ＆ハーブEXPO2018講演　2018年12月
○マレーシア ペナン島　セミナー合宿　2017年11月
○東京ビッグサイト 国際化粧品展　メインステージ講演　2017年1月
○熊本 震災支援セミナー　2016年7月
他多数

ウェブサイト（メルマガ）　https://rising-rose.com/
フェイスブック　https://www.facebook.com/KunioMukai

お客様が10年通い続ける小さなサロンのとっておきの販促

平成30年4月24日　初版発行
令和 2 年1月30日　2刷発行

著　者 ―― 向井邦雄

発行者 ―― 中島治久

発行所 ―― 同文舘出版株式会社

東京都千代田区神田神保町1-41　〒101-0051
電話　営業03（3294）1801　編集03（3294）1802
振替00100-8-42935
http://www.doubunkan.co.jp

ISBN978-4-495-54001-2
印刷／製本：萩原印刷
Printed in Japan 2018